本书出版受北京印刷学院新专业建设项目经费支持

媒体融合与移动传播

——产品、平台和用户

主　编／张　聪

副主编／何　婷　龚媛媛　石　尚　王佳恋

知识产权出版社

全国百佳图书出版单位

·北京·

图书在版编目（CIP）数据

媒体融合与移动传播：产品、平台和用户 / 张聪主编. —北京：知识产权出版社，2020.12
ISBN 978-7-5130-7266-3

Ⅰ.①媒…　Ⅱ.①张…　Ⅲ.①传播媒介—发展—研究　Ⅳ.①G206.2

中国版本图书馆 CIP 数据核字（2020）第 209372 号

内容提要

本书以媒体融合与移动传播研究为主题，在新冠肺炎疫情的背景下，新媒体展现了强大的传播力和影响力。通过剖析"健康转播视域下中国家庭代际数字代沟分析""新冠肺炎疫情期间我国对外传播新尝试"等案例，解读新媒体产品、平台和用户的联结与碰撞。本书探讨了新媒体在新时代中的机遇与挑战，希望为实现产品、平台和用户的和谐发展提供有益的参考。

责任编辑：张冠玉　　　　　　　　　　　　　责任印制：孙婷婷

媒体融合与移动传播——产品、平台和用户
MEITI RONGHE YU YIDONG CHUANBO——CHANPIN、PINGTAI HE YONGHU

张　聪　主编　何　婷　龚媛媛　石　尚　王佳恋　副主编

出版发行：知识产权出版社有限责任公司	网　址：http://www.ipph.cn
电　话：010-82004826	http://www.laichushu.com
社　址：北京市海淀区气象路 50 号院	邮　编：100081
责编电话：010-82000860 转 8699	责编邮箱：laichushu@cnipr.com
发行电话：010-82000860 转 8101	发行传真：010-82000893/82005070/82000270
印　刷：北京中献拓方科技发展有限公司	经　销：各大网上书店、新华书店及相关专业书店
开　本：720mm×1000mm　1/16	印　张：11.75
版　次：2020 年 12 月第 1 版	印　次：2020 年 12 月第 1 次印刷
字　数：220 千字	定　价：78.00 元

ISBN 978-7-5130-7266-3

目　录

新冠肺炎疫情下意见领袖及官方渠道的健康传播

——以国家卫健委为例

张 晶

（北京印刷学院 北京 102600）

【摘要】随着此次疫情暴发，出现了大量报道疫情和健康信息的文章和公号。众多平台如微信、微博和丁香医生、支付宝等都推出了与之相关的板块和实时更新的文章，但多数分散且影响力较小。本文以多数报道中影响力最大的中华人民共和国国家卫生健康委员会（以下简称"卫健委"）的媒体为例，分析了在新媒体环境下健康传播的变化及新生态，并在此基础上对未来健康传播的发展路径做了一定探寻和展望。

【关键词】健康传播；意见领袖；新媒体；平台

随着此次新冠肺炎❶疫情的暴发和扩大，微信、微博等社交平台在受众获取消息和传播信息上发挥了不小的作用。很多关于疫情的消息和相关新闻、文章会在家庭群和微信朋友圈中被大量转发。众多贴上疫情标签的文章和报道活跃在各个渠道中，而卫健委作为健康方面比较权威的网站和意见领袖，是整个抗疫过程中的传播典型。不仅给受众在健康传播方面提供了莫大的帮助，也在新媒体环境下在原有传播生态上做了新的尝试。

一、健康传播的定义及新媒体环境下的演变

说到健康传播实则离不开对于传播概念本身的探寻，健康传播是传播的

---

❶ 本书中"新冠肺炎"指新型冠状病毒肺炎。

一个内容分支，包括健康方方面面的知识，如药物滥用预防、癌症的早期发现、艾滋病等疾病预防，也包括医患关系研究、计划生育、戒烟等内容。对于其界定，美国学者罗杰曾做了两次定义，1994年他提出健康传播是一种将医学研究成果转化为大众易读的健康知识，并通过态度和行为的改变以降低疾病的患病率和死亡率，有效提高一个社区或国家生活质量和健康水准为目的的行为。1996年，他又在另一篇文章中对健康传播做了新的定义：凡是人类传播的类型涉及健康的内容，就是健康传播。这也是我们如今对于健康传播的普遍理解。罗杰更多地将健康传播视为以传播为主轴，借由我们如今传播的四个方式，即自我个体传播、人际传播、组织传播和大众传播将健康相关的内容发散出去的行为。因此从这四个方面来看，也可解释为何健康传播内容广泛多样，既包括个人的生理、心理健康状况，也涉及医患关系、医患家属关系的媒介议题设置、媒介与受众的关系等。

今天提及的健康传播，从定义和内容上也无太大变化，更多的是着眼于传媒新环境下的调整和原有内容上的承袭。谈到传播自然无法离开传播环境和过程，原有的健康传播与如今相比最大的变化也是渠道和效果本身。互联网和新媒体的出现和发展改变了原有的传播互动方式，由此带来整个过程和传播效果都有深有不同。从客观方面来说，设备的普及和技术的支撑让我们有了更多接触和浏览信息的条件；原有的场景也发生了改变，从围观电视转向了手机搜索。而从主观来讲，受众本身的心理也由被动普及转向了主动学习，受众的传播模式也从单一的大众传播脱离出来走向了更多元的大众加人际传播模式，甚至拥有了自己的圈子。

二、官网及社交平台在健康传播中的现状及特点

（一）卫健委官网及社交平台健康传播发展现状

疫情期间各大新闻网站逐渐开辟了健康板块，健康传播的意识也更进一步。随之而来很多健康类的公号和专题文章知识层出不穷，如丁香医生等。

而卫健委作为疫情期间最为权威的、影响力最大的一个组织，对中国此次甚至日后的健康传播都有莫大的影响和参考价值。它隶属于国家政府部门，有自己的官方网站和微信公众号，整个疫情期间的报道主要以官网为主，附带微信、微博平台的相关端口作为补充。卫健委官网包括头条信息栏和搜索、

动态板块，完整覆盖各新闻消息的种类和分布，在搜索栏中可以分门别类检索到机构和新闻互动等相关板块。此外还为特殊的信息公示留了相应的空间，包括政府特殊部门的信息公示和政策文件的解读筛选。为保持和其他政府部门官网相通，卫健委也链接了其他相关的政府部门以方便用户直接检索和跳转。

卫健委的官网板块清晰，重点突出。受到关注最多的疫情情况在官网有鲜明的海报专题，防控动态也在首页板块有大篇幅的展示，便于查询。对于新闻的发布和互动也有专属的板块来承载信息，方便两端直接沟通反映信息。对于每日的动态和直接发布信息也有专栏展示，方便用户的检索和浏览。在整个疫情期间对于疫情信息的报道非常迅速及时，通常是每日都有更新。发布会也有跟进和视频报道，对于微信平台和微博平台有自己的官方账号，两微端联动报道，经常在新浪微博上发起话题和热搜。

（二）卫健委官网及社交平台健康传播的特点

经过上述分析，可以看出卫健委虽为官方渠道，但仍开通了与自己的相关平台账号。经过此次疫情，也可以看出一些官网和社交平台的健康传播的特质，其与新媒体环境下的公众号和特定"大V"还有一些不同，这种新变化与其自身特性也有关系，主要表现为以下两点。

1. 官渠加媒体矩阵生态联合，社交平台主流媒体联动

卫健委的官网建设相对完善。机构和新闻消息公示及时，联合微信、微博两个主要社交平台构成了一个闭环的媒体矩阵。类似于人民网的中央厨房的模式，三个端口云同步。对于重大消息的同步部分，不同平台根据受众特色略有不同内容的分发，这也是我国政府部门在整个新媒体环境下所做出的改变和适应。此外，在新浪微博上以"卫健委"作为关键词进行搜索，出现的报道多是人民网和新华网的报道，官网上的视频则是央视新闻的报道。由此可见它联合了主流媒体和各个社交平台联动推出了最及时、最权威的视频和信息，也发挥了新闻媒体的职责和使命。

2. 意见领袖及KOL互动新传播

意见领袖是拉扎斯菲尔德1944年在《人民的选择》一书中提到的概念，它多数指人群中首先或较多接触大众传媒信息，并将经过自己再加工的信息传播给其他人的人。作为两级传播中的重要角色，意识领袖对他人的态度有

较大的影响。在网络新媒体环境下，意见领袖具有了新的内涵和表现，同样对大众传播起到了正向的推动。而相对意见领袖的概念，关键意见领袖（Key Opinion Leader, KOL）则是在网络环境下及营销学中出现更频繁的词汇。KOL 通常被定义为拥有更多、更准确的产品信息，并且为相关群体所接受或信任，并对该群体的购买行为有较大影响力的人。

而聚焦此次疫情事件，意见领袖和 KOL 是有一定门槛的。他们对疫情的健康传播的知识一定要过硬且极具权威力，而像钟南山、张文宏医生和卫健委等无疑是最能让大众信服的人士和机构。作为医生和权威的机构自身平时就有大量的专业知识和实践经验，甚至本身也已经积累了信服力。从此次疫情的健康传播也可以看出无论从信服度还是互动情况上他们已经成为大众心中意见传播的领袖，多数朋友圈的转发和互动集中于他们的官方账号下，这也引发了 KOL 互动健康传播的新格局。

三、卫健委疫情健康传播过程的优劣分析

此次疫情中卫健委在健康传播中的主要表现也有其自身的特质。首先，它形成的媒体报道矩阵和央视主流媒体的联动极大地促进了网民受众之间的交流和互动，并且极具时效性。相比其单方面的信息传输，这种线上的传播更加速了短期用户量的积累。其每日保持一定的报道频率，在新浪微博发布的视频浏览量一个月内可达到一万至二十万，微信客户端的文章阅读量也在千次以上。这对于一个日更巨量的账户来讲可以说是有很强的互动性和时效性了。此外，其发布在不同平台的文章和内容是有所不同的。对于网站和新浪视频端其内容更加严肃客观，语态也更加简明扼要；而微信端则有一些科普软文，语态更为亲和。这种差异也是内容个性化上的创新，在对不同渠道的定位分析后，对受众提供特定的内容以满足其需要。从意见领袖角度来看，对于事件的集中访谈和发布极大地减少了谣言传播的可能，也给了受众极大的可信度，有利于他们形成对事件本身情况的了解和知识的普及。另外这种集中分发的方式也给了受众排除冗杂信息源的便利条件，使其可以快速收集信息。同时融合了多种传播方式，更有利于互动，迅速传播也优化了健康传播的结构。

同时，值得完善的问题包括：权威性和高语境叙述方式容易使它的内容

覆盖面受限，无法覆盖到各个层次的受众。部分平台的阅读量和普及度并非特别高，这也是高产保量下不可避免的问题。另外，微博和微信端的双向互动还不够灵活，通常以受众单方面的评论留言为主，略显"高冷"。

四、意见领袖及超级渠道对健康传播的未来探寻

随着互联网和新媒体的蓬勃发展，可以推断，在未来一段时期，在健康传播领域将形成教育、娱乐等其他方面的"大V"和关键意见领袖。但目前意见领袖和超级渠道在健康传播上仍存的一些不足，也可以让我们在此基础上做一个优化的展望和建议。

（一）对媒体矩阵和头部意见领袖的呼声仍存

以卫健委官方媒体为例，目前的媒体矩阵取得了初步发展但仍然不够完善，其微博客户端的粉丝达562万，每日阅读量达"100万+"、966的互动量，也有自己的媒体矩阵，但每个账号的粉丝量和互动率仍然参差不齐，所以未来可以考虑继续协同促活，打通各方的官方"平铺"账号，深入各个平台加强自身的领导力、引导力和可信度。如张文宏医生在近日开通了自己的微博账号，澄清不实渠道的信息且以第一时间发声。这样头部的意见领袖能够在第一时间亲自发声，无疑是对整个矩阵的优化和填充。

（二）官方账号的全方位专业建设亟待完善

对比中央卫健委和地方卫健委，可以明显看出在新媒体建设方面仍有一定差距。无论是在账号的维护度还是内容的抓取上，地方卫健委的跟进度都还尚浅。

因此，地方卫健委也可以建立自己的透明账号在平台加强与中央卫健委的互动，加强互动、沟通和报道的时效性。对于内容的把控可以更加多元生动，结合新兴的技术使报道更加直观、易于理解。不限于文字图片和视频的形式，加入数据新闻和增强现实（AR）等互动环节让受众更好地理解健康知识和信息。

（三）传播语境狭窄和生态一元

考虑到传播语境的调整和生态的优化，可在原有的政府形象中增添更多元的对话方式，走官方权威加贴近受众的路子，做到更好地均衡，如开展多

元的社区活动、论坛等深入群众生活的方式。这也更易于各年龄层次的受众理解和转发，甚至可以突破原有的圈子，拓展多样的传播模式，实现健康传播与家庭传播相结合。

五、结语

此次疫情中意见领袖和官方渠道之所以得到了较好的反馈和关注，与健康传播的议题本身有关。国家和个人对健康话题较高的关注，也关系到其自身和整体的发展。而新媒体的迭代变化也为健康传播带来了新契机。因此我国各机构和组织的建设也应该不断适应新格局，力求减少边缘人群的盲点，缩小地区的差距。致力于提高整体医疗水平和传播能力，结合国情，建设有中国特色的传播道路。

参考文献：

[1] 余静，王健. 健康传播在社交媒体的裂变下的利与弊——以微信中的健康传播为例 [J]. 传媒论坛，2019，2（19）：86-88.

[2] 邓方洲. 新媒体环境下的健康传播研究——基于微信公众号"丁香医生"的分析 [J]. 大众文艺，2020（4）：170-171.

[3] 席正，周冯洁. 移动医疗背景下的健康传播——以"丁香医生"微传播矩阵为例 [J]. 新闻世界，2020（1）：31-33.

[4] 解菲. "健康传播"传播健康——浅谈健康传播学在中国的发展 [J]. 今传媒，2009（10）：94-95.

[5] 胡百精. 健康传播观念创新与范式转换——兼论新媒体时代公共传播的困境与解决方案 [J]. 国际新闻界，2012，34（6）：6-10.

浅析新媒体著作权保护问题

——以游戏版权保护为例

卢欣宇

（北京印刷学院　北京　102600）

【摘要】电子游戏产业在当下新技术不断更新的大环境中不断获取市场利润，正为第三产业中文化产业提供着不可缺少的经济支持。然而，游戏产业却一直因诸如盗版、抄袭、劣质产品等因素而产生损失。本文将梳理我国游戏产业发展的背景，并通过对影响我国游戏产业健康发展的重要因素"版权"的相关分析找出我国游戏产业发展的阻碍因素，并就这些因素提出相应的解决方法。

【关键词】电子游戏；游戏版权保护；著作权

一、国内电子游戏产业发展背景

（一）我国游戏产业与世界接轨

电子游戏产业在国内发展经历了三个阶段。第一阶段为 2000 年左右。曾经"目标软件"的《秦殇》《刀剑封魔录》《傲世三国》《流星蝴蝶剑》等游戏都是在此阶段推出的。曾经由中国软件公司独立开发的《秦殇》还曾在全球规模最大、知名度最高的互动娱乐展示会"E3"中备受瞩目，并受到世界玩家的瞩目。在这一阶段，我国游戏的发展正稳步走向世界轨道。

（二）产业受到政策的影响和盗版的冲击

第二阶段自 2000 年 6 月起，由国务院办公厅转发文化部等 7 部门发布的《关于开展电子游戏经营场所专项治理的意见》，开始了针对国内游戏机

市场的治理工作。其规定"自本意见发布之日起,面向国内的电子游戏设备
及其零、附件生产、销售即行停止"。在此禁令实行期间,受当时国内的个
人家用电脑普及率不高影响,同时代的游戏制作者不断受到政策限制与来自
盗版的双重冲击,大批游戏公司倒闭。我国电子游戏产业逐渐进入寒冰期。

(三)我国游戏产业逐渐暴露出新问题

2014 年 1 月 6 日下午,国务院办公厅发布通知称,调整上海自贸区内相
关行政法规和国务院文件规定的行政审批或者准入特别管理措施目录。其中
明确规定,允许外资企业从事游戏游艺设备的生产和销售,通过文化主管部
门内容审查的游戏游艺设备可面向国内市场销售,这意味着我国长达 13 年
的游戏机禁售规定正式解除。以此为界,随着中国接入国际互联网的用户数
量稳步上升,中国国内的玩家对游戏的标准也逐渐提高。在经历了 13 年基
本停滞的发展过程之后,我国的游戏制作行业难以在短短数月内,在制作技
术、游戏创意、核心玩法等设计领域赶超国际上的知名游戏。

二、我国电子游戏产业存在的问题及争议评析

(一)我国电子游戏产业中存在的问题

1. 平台抄袭现象严重

我国电子游戏产业在经历了 13 年的寒冰期之后,面对已然发展成熟的
市场,企业很难在短时间内做出符合市场规律和玩家口味的产品,只剩下了
借鉴其他国家比较成功的成型产品这一条路。而在盈利模式方面,因游戏
机禁令之前,国际主流游戏终端还是以家用游戏机、街机等单机游戏为主
的游戏,而在 2013 年网游(尤其是手游)已经有了大幅增长,涨幅已达到
32.9%,正冲击着传统单机游戏市场。

而随着高额资本的注入,游戏产业并没有出现如日本的任天堂,美国的
Valve 公司这样的游戏制作巨头,这是由于游戏制作方受制于资本的牵制,
意图通过网络游戏的"快销"模式让资本快速回笼。于是,国内游戏厂商开
始抄袭国外成功游戏的场景、设定、人物、故事线、游戏机制等游戏要素,
意图快速获取利润。而资本提供方则以此强有力的资本驱动盈利模式向国内
众多独立游戏工作室表明了有这样一条快速攫取资本的畸形路径。

因此，我国游戏在发展过程中，一直没有摆脱寒冰期过后缺少创新思维的开发思路。

2. 审查力度不同，作品良莠不齐

我国当下所拥有的大型电子游戏平台多为安卓手机平台。一方面，开发者受益于安卓的开源式系统，可让一众手机游戏开发商自由上架自己的作品，让安卓手机游戏平台上的游戏种类极其丰富；另一方面，因安卓系统并无像苹果系统一样的系统自身审查机制，也没有如 PC 游戏、家用机游戏等需要政府机关严格登记审查的审查机制，监督的缺乏也导致了游戏质量堪忧。

3. 版权保护力度不足

由于电子游戏的交互性随着互联网技术的发展而增强，不断有游戏加入"微交易"接口，即通过游戏内付款进行利润获取。在厂商认为游戏的资金获取率下降时，便会考虑关停服务器或停止后续开发，另起门户开始制作新游戏，从而达到利润最大化。

在这个过程当中，受制于国内游戏开发并无成功作品的影响，有些厂商开始抄袭外国游戏。暴雪公司旗下的《魔兽争霸》《魔兽世界》等作品因其在国内"游戏荒"的时期内积累了大量国内玩家资源，成为国内一些游戏厂家抄袭的对象。如安卓客户端上的个别游戏在上线时采用了广大玩家熟知的角色画像，又因暴雪公司当时在国内并无代理商，造成了维权无门的尴尬局面。

在过快的生产速度下，游戏产业中不足的版权保护力度让更多意图抄袭的游戏制作商获取了大量利润。而此类不良现象因畸形的市场引导依然存在。

4. 后期发展动力不足

出现此类问题的主要是电子游戏中的网游部分，尤其是网页游戏方面。在整个电子游戏开发过程中，网页游戏开发周期最短，需要投入的人力物力财力最低，因此制作网页游戏的成本会比制作客户端游戏低不少。但在简陋的界面当中，通过不断弹出的充值入口和诱导充值的游戏机制，网页游戏完全可以做到在短期内通过单一产品获取大量收益。而获取收益之后，开发者往往会放弃这款游戏，用同样的机制改头换面继续获得收益。

5. 创新成分不足

当前国内出现了较多的"西游"和"三国"类题材的电子游戏产品。因这类题材在此类游戏产品的目标受众当中都具有较高的知名度，因此可以在短时间内获得受众的认同感。

这种开发思路本没有问题，但当大量开发商都聚焦到这类主题之后，一方面开发成本低，易于出现低劣电子游戏产品，而另一方面开发密度大，导致该类别电子游戏产品产能过剩。以上两个方面共同导致了现今市场上存在一些"三国"类与"西游"类的粗制滥造产品。

（二）电子游戏产业中的不当竞争

1. 不当竞争的体现形式

电子游戏产业当中所出现的问题主要来源于不当竞争。而其中所展现出来的手段如下：一是对著作权的侵犯等在我国现行法律当中有法可依的行为；二是我国现行法律当中尚未涉及的行为，如对游戏核心玩法的抄袭行为、对游戏角色立绘（建模）的微小改动后使用、对游戏玩家进行虚假宣传以进行误导等。

我国游戏产业中的不当竞争主要存在于第二种当中，即现今司法体系中未涉及的、难以区分是否为侵权行为的方面。因我国现行著作权法所规定的著作权保护范围为"作品"，而作品是思想情感的表现形式，所以一般适用于作品的规则并不能保护游戏产业中核心的创意类的竞争价值。

2. 保护电子游戏核心竞争力

对于电子游戏产业来说，游戏开发过程中最为复杂且最具有不确定性的部分就是游戏规则的架构与设计。往往一款游戏需要开发人员投入最多精力来进行开发作业的就是其需要独立创新的部分，而其核心从本质上来说就是其独特的游戏规则。游戏规则与美术、音乐、文字等可以被定义为"作品"的，具有实质性的精神产物不同，它不在著作权的保护范围之内，因此对其中的侵权行为，如抄袭行为、盗版行为等进行保护便产生了难度。

对电子游戏规则的抄袭是典型的不属于我国现行法律所涵盖的范围的侵权行为。游戏规则是游戏开发者为游戏所界定的独特的设计，以此来达到吸引游戏受众的效果，并借以在众多游戏当中脱颖而出。对游戏规则的设计体现了创作者独特的创新性思想，是其智力创造的结果，其贯穿游戏始终，但可能并不以完整的，可被定义为"作品"的形式展现出来。因此可看出，对一般作品的保护规则并不适用于对游戏的核心竞争力的保护，对游戏的著作权方面的保护也不应体现为一般的作品保护规则。

（三）在司法实践中的抄袭行为认定

1.否认电子游戏规则抄袭为著作权侵权

有学者认为电子游戏的规则不应适用于著作权保护法的范畴。游戏规则仅为一种创意，而创意应属于思想的范围。而思想的体现形式才是我国现今司法体系所保护的对象。他们认为在思想的体现形式上施加保护更易于保护思想的多样性，而对思想本身的保护则极可能造成思想的垄断。并且，思想如果没有体现出具体表现形式，在我国的司法体系当中也就不具备被著作权法进行保护的量化标准。其理论弱点在于，他们并未将游戏看作是传统作品的集合，并且电子游戏中的游戏规则元素皆为碎片化的，贯穿于游戏之中的元素，是制作游戏时的思想组成部分，而思想是不应受到著作权法保护的。

2.认定电子游戏规则抄袭为著作权侵权

部分学者认为出于精神产物的游戏规则必然是复杂且极其精妙的，但受制于电子游戏自身的表达极限，其规则设计不可能完全被电子游戏产品所内涵。当某一思想被游戏制作者构架为一定程度上精妙的思维产物时，其便超出了思维的范畴，在其需要表达时便一定需要可被量化的具体表达形式进行表达，因此就可对其思维的表达形式加以保护。

三、游戏版权保护遇到的阻碍

（一）抄袭认定

1.思想与表达二分法的适用困境

"思想与表达二分法"起源于英国，英国出版商在17世纪末为保护自己的垄断利益提出了出版界的"二分法"，即作品中的思想、原理或情感不受法律保护，只有具体的表现形式才能受到著作权法的保护。

在新媒体与图书类出版物领域，作品的内涵和外延以"是否封装"为分界点。即进行"封装"过后的出版物可被认定为受法律约束和保护的出版物，反之即不被著作权法保护。但在电子游戏与其他新型媒介领域中，经由人设

计的抽象概念能体现出设计者的独创性，理应受到保护，但却由于思想并不具备被保护的"实体"标准，而使其被保护受到了阻碍。

2. 混同原则与场景原则的适用性

混同原则在著作权法中是指，当某一种思想实质上只有一种表达形式时，其思想与表达便可被认定为不可分。因此，著作权法不禁止对该思想进行复制的行为。

确立混同原则的主要原因便是如若对有限的表达（如含混不清的表述或初步成型的精神）进行保护，很有可能造成此后的所有精神成果都会被有限表达的表达者进行思想垄断。这将造成合法垄断权与自由使用权之间的权利冲突，因此不可取。

场景原则在著作权法中的运用主要是为了排除创设特定的风格、主题、场景时必不可少的表达保护。如果为表达出完整效果必须运用到一定的资料和文学手法，那么这些资料和手法就不属于著作权法的保护对象。放到电子游戏产业中来，如若有些游戏的规则设计简单，如 flappybird 这款游戏，玩家只需通过点击屏幕的方式操控屏幕中心的小鸟躲避飞行过程中的管道，规则极其简单，那么此类游戏的规则设定就会被排除在著作权法的保护范畴之外。

（二）其他国家版权保护政策带来的思考

1. 引用实质性相似规则

实质性相似原则的认定标准其实是将一作品覆盖在另一作品之上来寻找相似点，将不能作为狭义抄袭对象的相似点剔去，通过剩余相似点的多少和相似点在整部作品中的地位来判断整部作品是否构成实质性相似。

电子游戏的侵权案中也采取了引入实质性相似原则的做法。通过对比检测，如若两款电子游戏的操作手感、体验感觉，可带给玩家相似的体验，就算两款游戏的语言表达、场景表达具有一定的不同性，也不会影响实质性相似的判断。

2. 借鉴"抽象—过滤—比较"检验法则

该检验法分为三个阶段：首先，抽象的游戏规则是属于电子游戏作品中的思想部分，从游戏规则中提取设计思想是十分困难的。但在该领域，还是可以凭借公众认知，必要时还可借助玩家的经验对是否构成抄袭进行辅助判定，此为"抽象"过程。其次，排除不受著作权保护的其他部分，即"过滤"。最后，对两者进行比较，对比独创性的表达部分。

3. 引用"陪审制"以加强版权保护

具体关于现行法律涉及不到的或难以进行判别的抄袭疑似点，可采取类似于英美法系中的"陪审团"制进行判别。可采取通过大数据分析后在随机抽取的定量玩家中进行几个核心争议点的匿名投票的机制，以获取司法程序之外的专业意见。

四、结语

现行的法律法规对新兴的游戏产业保护呈不足的态势，其原因在于法律的修订相对现实进度存在一定的滞后性。

如今，经过不断发展和技术革新之后，游戏产业可以作为资本市场注入的新动力和文化输出的新工具的功能逐步显现。对游戏产业版权的保护也在逐步完善，将于 2021 年 6 月 1 日起实施的《中华人民共和国著作权法》将"电影作品和以类似摄制电影的方法创作的作品"改为"视听作品"一条也可看出本次对修改广播权有关表述的背后含义是以适应网络同步转播使用作品等新技术发展的要求。在游戏产业成为越来越重要的文化输出接口和互联网经济的支柱产业之后，相信国家对此类目下的版权保护会更加严格，以维护从业者权益。

参考文献：

[1] 张格格 . 中国手机游戏的发展与建议 [J]. 市场周刊（理论研究），2017（10）：33-34.

[2] 李彬 . 浅谈认定网络游戏规则抄袭侵权行为的依据 [J]. 法制博览，2019（20）：89-90.

[3] 许国堂 . 网络游戏版权保护模式分析 [D]. 华南理工大学，2011.

[4] 王瑞琦 . 游戏作品著作权保护问题研究 [D]. 清华大学，2015.

[5] 王燕明 . 电子游戏的著作权保护问题研究 [D]. 华东政法大学，2015.

[6] 黄小洵 . 作品相似侵权判定研究 [D]. 西南政法大学，2015.

[7] 马浩轩 . 网络游戏作品抄袭的侵权判定研究 [D]. 西南政法大学，2011.

[8] 牟其飞 . 山寨游戏的知识产权法律规制研究 [D]. 华南理工大学，2015.

[9] 郑谋 . 网络游戏规则的知识产权保护研究 [D]. 北京外国语大学，2018.

后发优势理论视角下出版社微信视频号运营现状与优化策略探究

石 尚

（北京印刷学院 北京 102600）

【摘要】短视频凭借"短平快"的传播机制已经成为各行业争相抢夺的资源，对于出版社也是如此。本文从后发优势理论的角度出发，以国内出版社微信视频号官方账号为研究对象，对国内图书出版社在视频号中的运营现状进行研究，探讨出版社的后发优势。出版社须提升入场积极性，探索"短视频＋"模式；把握平台特点，差异化运作短视频矩阵；组建专业团队，构建 ugc 与 pgc 协作机制与读者加强共鸣；通过创新提升短视频附加价值。

【关键词】后发优势；视频号；出版社

2020 年 1 月，微信借助自身平台推出了短视频入口"视频号"。背靠 12 亿的微信活跃用户，"视频号"将会吸引越来越多的机构与个人将其作为营销变现的一个渠道。出版社作为出版图书、传承文化和传播知识的重要阵地，可以通过短视频进行知识普及、新书宣传、作者推介和网络销售等业务。在图书出版行业纷纷探究"短视频＋出版"的盈利模式下，如何利用好微信视频号，优化自身的短视频制作方式，找到一种不同于抖音、快手的引流方式，是当前国内图书出版社改善经营的一大难题。

根据 2020 年 4 月 28 日中国互联网络信息中心（CNNIC）发布的第 45 次《中国互联网络发展状况统计报告》显示，截至 2020 年 3 月，我国网络视频（含短视频）用户规模达 8.50 亿，占网民整体的 94.1%。其中，短视频用户规模为 7.73 亿，占网民整体的 85.6%。然而，图书出版行业中第一批短视频账号的主人并非各大出版社，而是抖音、快手等短视频平台中几百个以"书单""阅读""好书推荐""读书"等关键词为名的营销号。和二八定律相反的是，最早出现的下游的营销机构占据了大部分流量，而上游的一些出版社却丧失先发优势，姗姗来迟。根据"清博指数"2019 年 6 月 3 日的监测，图书推荐抖音号排行榜前 15 名中只有浙江大学出版社作为出版社的独苗入围。对于微信"视频号"这一短视频领域的蓝海，出版社应当抓住机遇，以视频号为阵地，利用后发优势重新占领出版行业流量高地。本文基于后发优势理论范式，从经验优势、成本优势、时间优势三个要点分析当前国内出版社微信视频号的运营现状，并分析出版社通过运营视频号实现后发优势的可能，最后基于"4V"营销组合策略为出版社视频号的运营提出优化建议。

一、国内出版社在微信视频号中的后发优势

（一）基于后入场者的成本优势

后发优势理论的提出者亚历山大·格申克龙在 20 世纪 60 年代初总结了俄国、意大利、德国等相对落后国家迅速发展的原因，指出后发者可以借鉴先发者的成功经验避免因不断试错而带来的高额成本。在出版社的短视频制作中，编辑一人经常包办选题、剧本、出镜、后期。然而，编辑并不是专业的短视频制作人员，在作品审美、音画质量、内容情节等方面无法满足用户日益挑剔的胃口，而这导致视频质量陷入死循环，达不到"后发制人"的预期效果。出版社应减少试错的成本，打造专业化的短视频制作团队，创作出优质的短视频内容。

出版社进军短视频行业较晚，第一波短视频流量高地已经被以"书单""阅读""好书推荐""读书"等关键词为名的营销号抢占，为了填补后发劣势，就要学习这些营销号的叙事方式。如抖音账号"都靓读书"采用真人出镜的方式，以节奏舒缓的钢琴曲、吉他伴奏作为背景音，先通过 10—15 秒的时间，用一件琐事、一个小故事进行铺垫，再通过 10 秒左右的时间朗读书中的精华片段，最后用 10 秒左右的时间讲述其中道理，吸引读者关注与购买。通过这种叙事模式，"都靓读书"的《白夜行》《笑场》《自私的基因》三本书的荐书视频共获得累计 98.6 万的播放量。出版社可以仿照此类图书营销账号的成功模式，通过作者亲自出镜荐书、名人带读等方式，利用"官方"优势吸引读者关注。

（二）基于出版社长期经营的经验优势

出版社的经验优势源于出版社所拥有的异质性出版资源和配置整合能力。通过多年的经营，出版社积累了大量新媒体公司不具备的信息资源、人才资源、物质资源和文化与品牌资源。作为图书的"第一经手人"，相比营销账号，出版社在知识输出层面拥有先天优势，可以将图书出版中的逸闻趣事作为短视频选题吸引读者。比如，2010 年玉树地震中，人民军医出版社需要在两天内赶制出一套预防鼠疫挂图，编辑齐学进在 14 小时内完成任务，在后来出版的《军旗下的出版人》一书中，齐学进将这次出版过程称为出版奇迹。

出版社在短视频账号的运营中，视频内容选题、剪辑、营销等环节已经形成了一套成熟的运作流程，对于已经开设短视频账号的出版社来说，可以将抖音、快手等短视频平台的成功经验复制到微信视频号中，以获得先发优势。要把握好微信视频号带来的机遇，通过新兴的短视频平台集聚用户进行流量变现改善经营。

（三）基于协同过滤机制的时间优势

后发优势理论认为，虽然后发者在起步时间上落后于先发者，但是可以通过经验优势与成本优势在较短时间内对先发者进行赶超。目前只有少数出版社开始进行短视频内容的生产，而国内的 585 家出版社中，也仅有 12 家出版社开设了微信视频号，仅占国内出版社总量的 2%。这意味着大部分出版社仍然具备潜在的后发优势。短视频平台的算法推荐机制可以迅速匹配用户与其偏好的视频内容，降低用户的信息偶遇成本，提升视频内容的曝光率。微信视频号的算法推荐机制不同于抖音的"头部权重"推荐机制，也不同于快手的"热度权重"机制。"头部权重"推荐机制是将同一标签下热度最高的短视频与账号主体推荐给用户，是以用户为导向的推荐机制；"热度权重"机制是指随着热度的不断提高，曝光机会由多变少，是一种以创作者为导向的推荐机制。微信视频号的推荐机制是基于强关系网络的社交推荐协同过滤，这就表明视频号是以用户的兴趣为导向的推荐机制。一方面，微信用户处于强链接关系网络中，同质化程度较高，所以协同过滤可以保证视频高效率投递；另一方面，用户主动搜索关键词，视频内容就可以精准推送给目标受众，投其所好提升用户转化率。相比抖音和快手随机性质的推荐方式，微信视频号的投递效率更高，因此出版社可以利用微信视频号迅速缩短进入短视频领域的后发劣势，对先发者进行赶超。

二、国内图书出版社微信视频号运行现状分析

本文的研究对象是国内图书出版社的微信视频号，其运营主体是通过企业认证的国内图书出版社。截至 2020 年 5 月 18 日，笔者在微信视频号的搜索栏以"图书""出版""出版社"为关键词进行检索，并在搜索结果中剔除非官方账号，采用描述性分析与相关性分析等内容分析方法对典型的出版社视频号进行探究，找出优化国内出版社微信视频号运营状态的可行性路径。

（一）样本选取与描述性分析

笔者通过微信视频号搜索栏以"图书""出版""出版社"为关键词进行搜索，删除掉个人用户，共筛选出 16 个账号。在这 16 个样本中，通过了微信企业认证的账号有 12 个，国家级出版社有 5 个。其中，电子工业出版社、古吴轩出版社、宁波出版社和南方数字出版没有完成微信企业认证，也没有发表任何作品。在国内的 585 家出版社中，仅有 12 家出版社开设了微信视频号，占到国内出版社总量的 2%。

笔者对微信视频号进行进一步分析，将视频号账号信息分为基本信息和与用户的互动信息。其中基本信息包括该账号的标识、背景图、个性化简洁、视频形式、作品数 5 个项目；与用户的互动信息包括点赞数、平均点赞数、评论数与平均评论数 4 项，见表 1。

表 1　我国出版社视频号账号信息

账号基本信息					账号与用户的互动信息					
账号名称	账号标识	背景图	个性化简介	视频形式	作品数	级别	点赞数	平均点赞数	评论数	平均评论数
人民文学出版社	图案商标	有	有	人物出镜推荐图书	69	国❶	1969	28.54	160	2.32
远方出版社	图文商标	无	无	人物出镜推荐图书	21		222	10.57	3	0.14

---

❶　国指国家级出版社。

账号基本信息					账号与用户的互动信息					
账号名称	账号标识	背景图	个性化简介	视频形式	作品数	级别	点赞数	平均点赞数	评论数	平均评论数
读创图书	图文商标	有	有	人物出镜推荐图书	19		177	9.32	9	0.47
天津科学技术出版社	图文商标	月	有	人物视频推荐+短片推荐图书	13		163	12.54	2	0.15
荣宝斋图书	图文商标	有	有	短片推荐图书	8		158	19.75	0	0.00
交大出版外语图书	网络图片	无	无	短片推荐图书	7		19	2.71	0	0.00
健衡康复图书出版	图案商标	无	无	短片推荐图书	6		117	19.50	13	2.17
中国画报出版社	图文商标	无	无	无旁白短片推荐图书	5	国	19	3.80	1	0.20
冶金工业出版社	图案商标	无	无	内容与出版业务无关	5	国	18	3.60	0	0.00
湖北科学技术出版社	网络商片	有	有	短片推荐图书	5		7	1.40	0	0.00
人民邮电出版社	图文商标	无	无	内容与出版业务无关	4	国	66	16.50	2	0.50
山东画报出版社老照片	网络图片	有	有		1		0	0.00	0	0.00
宁波出版	图文商标	有	有		0		0		0	
古吴轩出版社	图案商标	无	无		0		0		0	
电子工业出版社	图文商标	无	无		0	国	0		0	
南方数字出版	图案商标	无	无		0		0		0	

（二）视频号运营现状分析

1. 基本信息不完善，关键信息缺失

在 16 个样本中，所有样本都有账号标识（头像），其中以企业图案作为头像的有 5 个，以网络图片作为头像的有 3 个，以图片和文字搭配作为头像的有 8 个。头像作为账号的标识，应当包含完整的企业信息，体现一定的辨识度，将抽象的企业图案作为头像不容易吸引读者的注意力，在用户进行搜索的过程中也容易被忽略。而山东画报出版社老照片和交大出版外语图书以及湖北科学技术出版社使用低分辨率的网络图片作为头像，缺乏辨识度，更容易淹没在大量的检索信息中心。大约一半的出版社并没有设置账号背景图和个性化简介。个性化简介可以让用户一目了然地看出账号的功能与风格，拉近与用户的心理距离，满足用户的实际需求。而宁波出版社、古吴轩出版社、电子工业出版社和南方数字出版四个账号没有任何有效信息。由此可见，大部分出版社的微信视频号基本信息不完善，关键信息缺失，不利于吸引读者关注。

账号名称、头像、个性化简介与背景图是四个最基本的账号信息，出版社应直接以公司名称命名而非昵称，以便于提升账号被检索的机会。设置头像时也要注意将公司 logo 和全称体现出来，这样才能对关注者的视觉产生重复刺激，加深品牌印象。此外，还要重视个性化简介与背景图的设置，言简意赅的个性化简介可以明确账号内容定位，提升与用户的契合度。但是，过于个性化的简介会造成"山寨"感，因此，个性化简洁的设置仅需要用简短的一句话表明"单位名称＋运营目标"即可。

2. 两极分化严重，国家级出版社表现较差

在目前已经开设微信视频号的出版社当中，呈现出两极分化十分明显的状态。人民文学出版社保持着一天一更的状态，作品数有 69 个，点赞和评论数在样本中最高。其余出版社则不定期更新，有的甚至只有个位数的视频内容。根据表 2 可以看出，当前我国图书出版社视频号的总体运营态势较差，作品数最多的出版社仅有作品 69 个，有四家出版社作品数为 0。另外作品点赞数和评论数的标准差较大，这说明在视频号运营中存在着严重的两极分化。

表2 我国出版社视频号互动状态

项目	样本数量	最大值	最小值	平均值	标准差
作品数	16	69	0	10.19	16.50
点赞数	16	1969	0	183.44	976.50
评论数	16	160	0	11.88	72.00

　　通过表3可以看出，人民文学出版社作为国家级出版社在所有开设视频号的出版社中表现最为突出，作品数、点赞数、评论数高居第一位，而人民邮电出版社、冶金工业出版社、电子工业出版社和中国画报出版社同样作为国家级出版社，表现不突出，电子工业出版社所有数量都是0。在地方级出版社中，远方出版社、天津科学技术出版社能够保持在作品数、点赞数、评论数的前五名，在与其他出版社的竞争中保持领先地位。

表3 出版社视频号作品数表、点赞数和评论数　　　　　（单位：个）

作品		点赞		评论	
账号名称	数量	账号名称	数量	账号名称	数量
人民文学出版社	69	人民文学出版社	1969	人民文学出版社	160
远方出版社	21	远方出版社	222	人民邮电出版社	12
读创图书	19	读创图书	177	读创图书	9
天津科学技术出版社	13	天津科学技术出版社	163	远方出版社	3
荣宝斋图书	8	荣宝斋图书	158	天津科学技术出版社	2
交大出版外语图书	7	健衡康复图书出版	117	湖北科学技术出版社	2
健衡康复图书出版	6	人民邮电出版社	66	中国画报出版社	1
中国画报出版社	5	中国画报出版社	19	荣宝斋图书	0
冶金工业出版社	5	交大出版外语图书	19	健衡康复图书出版	0
湖北科学技术出版社	5	冶金工业出版社	18	交大出版外语图书	0
人民邮电出版社	4	湖北科学技术出版社	7	冶金工业出版社	0

续表

作品		点赞		评论	
账号名称	数量	账号名称	数量	账号名称	数量
山东画报出版社老照片	1	山东画报出版社老照片	0	山东画报出版社老照片	0
宁波出版	0	宁波出版	0	宁波出版	0
古吴轩出版社	0	南方数字出版	0	南方数字出版	0
电子工业出版社	0	古吴轩出版社	0	古吴轩出版社	0
南方数字出版	0	电子工业出版社	0	电子工业出版社	0

3. 内容吸引力不足，与用户互动环节缺失

通过表1可以看出，在开设视频号的16个出版社中，用户评论数量总和最高不超过200条，平均每个作品点赞数量小于10的账号超过一半，这说明视频号发布的短视频对用户吸引力不足，难以抓住用户眼球满足其信息需求。另外从视频形式上看，在已经发布视频作品的12个账号中，3个账号以无旁白的短片进行图书推荐，画面与声音质量较差；2个账号视频作品与出版业务无关，这直接导致账号定位与内容定位发生错位，所以当用户对出版类视频号进行检索时，很难获取自身所需信息。此外，在16个出版社账号中，只有人民文学出版社会回复用户的评论，与用户进行互动，为用户提供图书的购买渠道，利用视频号互动功能变现。

（三）短视频内容分析

笔者根据表1中的账号基本信息，将视频号中的视频形式分为三类：人物出镜推荐图书、短片推荐图书，以及与出版业务无关的视频。对其进行进一步归类分析，可将视频种类划分为作者出镜荐书、名人出镜荐书、编辑出镜荐书、解说短片荐书、无解说短片荐书和非荐书视频六种类型。将视频的评论与点赞数量之和作为读者吸引分数，借此来探究何种形式的视频号短视频可以吸引到更多读者。

依据表4数据可知，作者出镜荐书对读者的吸引分数更高，为25.4，作者是出版社的核心资源。当读者购买一本书时，他可能不记得出版商是谁，但他会记住作者是谁。外国出版社在预测作品销售时，将读者对作者和作品的了解程度作为重要参考，其中作品内容占12%，作者意识占36%，作品形式占10%。因此，由作者对自己的作品进行推荐可以吸引更多读者的注意力。另外，人物出镜推荐的吸引力要比无人出镜推荐视频吸引到更多关注。在无人出镜的视频中，附带解说的荐书短片比无解说的荐书短片吸引分数高出接近一倍。

综上可得出结论，对于微信视频号而言，总体上真人出镜推荐图书比无人出镜推荐图书更能够吸引读者关注。在真人出镜推荐图书的视频中，作者出镜推荐的吸引力大于名人出镜的吸引力，编辑出镜推荐图书的作用相对较小，这是因为就一本图书而言，作者才是吸引读者的"第一光环"，而名人作为意见领袖，其强大的号召力与较高的名望也能够吸引读者关注。编辑是图书的幕后推动者，相对作者和名人，对读者的吸引力较小。在无人出镜的图书推荐视频中，带有解说的荐书视频比无解说的荐书视频吸引力更高，这是因为声音作为一种无须动用过多感官就可以进行理解的符号体系，可以让受众花费更小的时间成本了解视频内容，而配音的音质和音色也会吸引部分读者的关注。所以，出镜人物的名气越大、视频的视听元素越完备，则该内容越具有吸引力。

表4　不同类型视频对于读者的吸引分数

账号名称	作者出镜荐书		名人出镜荐书		编辑出镜荐书		解说短片荐书		无解说短片荐书		非荐书视频	样本总数
	数量（次/人）	吸引分数	数量（次/人）	吸引分数	数量（次/人）	吸引分数	数量（次/人）	吸引分数	数量（次/人）	吸引分数	数量（次/人）	
人民文学出版社	9	211	9	171	26	614	3	74	4	66	18	69
远方出版社	0	0	0	0	14	183	1	13	2	13	4	21
读创图书	0	0	0	0	18	177	0	0	1	10	0	19
天津科学技术出版社	0	0	0	0	4	38	9	73	0	0	0	13
荣宝斋图书	1	43	0	0	2	80	0	0	1	9	4	8
交大出版外语图书	0	0	0	0	0	0	1	2	6	17	0	7

续表

账号名称	作者出镜荐书		名人出镜荐书		编辑出镜荐书		解说短片荐书		无解说短片荐书		非荐书视频	样本总数
	数量（次/人）	吸引分数	数量（次/人）	吸引分数	数量（次/人）	吸引分数	数量（次/人）	吸引分数	数量（次/人）	吸引分数	数量（次/人）	
健衡康复图书出版	0	0	0	0	0	0	0	0	0	0	6	6
中国画报出版社	0	0	0	0	0	0	1	3	3	12	1	5
冶金工业出版社	0	0	0	0	0	0	0	0	5	18	0	5
湖北科学技术出版社	0	0	0	0	0	0	0	0	0	0	5	5
人民邮电出版社	0	0	0	0	0	0	4	68	0	0	0	4
山东画报出版社老照片	0	0	0	0	1	1	0	0	0	0	0	1
宁波出版	0	0	0	0	0	0	0	0	0	0	0	0
古吴轩出版社	0	0	0	0	0	0	0	0	0	0	0	0
电子工业出版社	0	0	0	0	0	0	0	0	0	0	0	0
南方数字出版	0	0	0	0	0	0	0	0	0	0	0	0
总数	10	254	9	171	65	1093	19	233	22	145	38	163
	单个视频吸引分数	25.4	单个视频吸引分数	19	单个视频吸引分数	16.35	单个视频吸引分数	12.1	单个视频吸引分数	6.59		

（四）相关分析

将出版社视频号的作品数、点赞数与评论数进行交叉分析，由于分析中涉及的变量有两个，因此采用线性回归方程来检验视频号的作品数、点赞数和评论数之间是否存在相关关系。根据表5结果显示，作品数、点赞数和评论数之间存在着明显的高度正相关关系（$1>R>0$），其中作品数与点赞数的相关关系最高（$R=0.9746$），点赞数与评论数的相关关系最高（$R=0.9918$）。这说明出版社只有不断产出视频内容才能够吸引读者观看，而读者的点赞和评论行为又会带来关注量，这样就能在搜索排名中占有有利位置，进而拉动图书销量增长，形成良性循环。

表 5　数据相关性分析

统计量		作品数	点赞数	评论数
作品数	R 值	1	0.9746	0.9685
	样本数	16		
点赞数	R 值	0.9746	1	0.9918
	样本数	16		
评论数	R 值	0.9685	0.9918	1
	样本数	16		

三、基于 4V 理论的国内图书出版社微信视频号运营优化策略

（一）Versatility：提升入场积极性，探索"短视频＋"

凭借超高的用户基数和内容推荐机制，微信视频号在短视频浪潮中的巨大潜力仍然有待发掘。抖音带来的流量红利造福了大大小小的出版社，如由北京科学技术出版社出版的《牙齿大街的新鲜事》荐书视频，获得了高达1000 多万次的播放，带货量高达 1700 本。在腾讯日前发布的报告中，微信用户月活跃用户人数达到了 12 亿的量级。出版社应该提升入场积极性，依靠微信巨大的用户基数实现经济效益。

"短视频＋"是在短视频的核心基础之上进行功能嵌入，目前微信视频号并没有打通与微信公众号和微点的互通入口，所以出版社在运营视频号的过程当中应当加入公众号二维码，网上商城购物链接等提示，优化视频号的营销功能。除了营销功能，视频号还具有知识传递的功能，由于微信号的协同过滤机制，使得出版社只能够被用户搜索。由于用户的差异化特征明显，出版社就要对视频号内容进行精准定位，根据自身特点向用户普及特定领域的科学知识、文学知识等垂直领域的内容。

（二）Variation：把握平台特点，差异化运作短视频矩阵

在抖音、快手等短视频平台的激烈竞争中，很多企业账号为了提升效率，采取"一稿多投"的形式，没有考虑到不同的平台特性导致的用户偏好差异，不利于带动图书销量增长。根据国内移动互联网大数据公司 QuestMobile

在 2018 年进行的用户调查显示，抖音短视频的 24 岁以下年轻用户比例为 75.5%，相较于快手的 66.6% 更高，抖音短视频的本科以上学历用户比例相较于快手短视频要高出 10 个百分点，在一、二线城市的用户分布也有差异。这说明作为内容提供者的出版社应当注意到不同平台的媒介特性与用户画像，投其所好生产内容。而微信视频号背靠微信，用户相较于抖音和快手等短视频平台，最大的特点就是呈现出城市化、高学历。根据企鹅智酷公布的《2017 微信用户 & 生态研究报告》显示，微信的大学本科及以上学历的用户占比超过了 50%，26~40 岁的中青年用户占比高达 70.8%。因此，出版社在运营微信视频号的过程中应充分了解微信用户的侧面像，抓住其"高学历，成熟"的特点制作视频，不应该简单地进行视频内容的跨平台搬运。如视频号"人民文学出版社"就针对用户特点，内容全部为与心灵鸡汤、名家名篇、历史故事相关的内容，并对原价 1980 元的《资治通鉴》做出了 18 条不同的短视频进行铺垫，约占视频总数的 1/4。之后，"柏杨版《资治通鉴》开箱来啦"的视频产生了前期铺垫的效果，获得了所有视频中最高的播放量，评论中 70% 的用户在询问"多少钱""去哪里买"的相关信息。另外，读者微信视频号鼓励用户进行"原汁原味"的视频创作，不提供过多的感官特效，奠定了知识为主、深度为先的平台基调，十分适合出版社生根发芽。

（三）Vibration：组建专业团队，构建 UGC 与 PGC 协作机制与读者加强共鸣

PGC 是专业生产内容，以内容的高质量、专业性著称，可以有效提升自媒体的品牌效应。而品牌自媒体能够把潜在用户转化成用户、把用户转化成忠实用户，能够增进受众对图书的认知与了解，能够触发受众的阅读兴趣及消费需求，能够带动图书在线上线下的销售。对于出版社来说，传统的媒介思维与营销手段无法适应短视频带来的巨大变化。拍摄短视频往往需要经过前期剧本策划、中期拍摄、后期剪辑制作等环节，才能够提升短视频的内容质量，吸引受众。比如，机械工业出版社在抖音短视频平台经过专业化运作，产出了包括真人小剧场、动画短片、活动现场、名人采访等视频，还在短视频中添加了包含本社 logo 的精美片头，加深受众对本社的品牌印象。然而，目前大多数出版社的视频号视频专业度缺失，内容同质化倾向严重，画质音

质损坏程度高，在短视频领域并没有达到 PGC 的要求。因此，出版社应建立专业化的运营团队经营包括微信视频号在内的短视频矩阵。此外，即使是专业媒体生产的短视频，也不只是依赖媒体的封闭生产系统，短视频生产更需要开放与协作。出版社应当邀请读者购书后上传丛书开箱、装帧评价、读后感悟等内容，让读者参与到视频号的场外运营当中，迅速填充内容空白，形成"优质内容吸引读者—读者生产优质内容—吸引更多读者"的良性循环。短视频行业的内容制作由较为粗放的 UGC 内容生产模式向 PGC 专业化内容生产模式推进，并逐渐形成专业用户生产内容 PUGC 模式。所以，通过这种与读者的协作关系，出版社就可以缓解短视频产能不足的问题，并加强与读者的情感共鸣。

（四）Value：通过创新提升短视频价值

一个信息表现力强、富于创意、易于理解的优质短视频，能够促进广大读者对图书价值的理解，刺激其阅读兴趣点，勾起消费欲望，进而转化成真实读者。在内容为王的时代，短视频的独特创意是吸引用户观看的核心要素。各种短视频平台发布的短视频数量众多，但是内容同质化严重，缺乏刺激用户的新痛点。出版社在运营微信视频号时，应当准确分析图书的卖点，在视频脚本的策划过程、剪辑过程中突出创新二字。利用脱口秀、开箱、对比测评、情景剧等方式真人出镜推荐图书，还可以制作 flash、定格动画等新颖的内容形式吸引用户。需要注意的是，微信视频号不具有抖音、快手等短视频平台花样繁多的效果和背景音乐，追求的是短视频的"原生内容"，所以通过创新来提升短视频的质量就显得极为重要。在短视频下半场的争夺中，出版社更应该注意短视频的艺术审美，跳出仅仅由技术逻辑塑造的审美，强调以人的创造、进步为核心的艺术审美逻辑，在满足用户对于信息的基本层次需求的同时，更要注重通过内容创新满足用户对于高质量内容的需求。

参考文献：

[1] 高燕 . 新媒体时代短视频营销模式的反思和重构——以抖音短视频平台为例 [J]. 出版广角，2019（8）：62-64.

[2] 安详 . 引进版畅销书出版研究 [D]. 武汉理工大学，2009.

[3] 杨琳，张昊云 . 数字科普出版视域下短视频发展策略研究 [J/OL]. 科技

与出版：1-5[2020-05-24].http://doi-org-s.vpn1.bigc.edu.cn/10.16510/j.cnki.kjycb.20200508.002.

[4] 梁玲 . 短视频的火爆让传统出版业反思什么？[J]. 编辑学刊，2018（6）：41-47.

[5] 彭兰 . 短视频：视频生产力的"转基因"与再培育 [J]. 新闻界，2019（1）：34-43.

[6] 曾洁 .5G 时代短视频的内容逻辑与媒体转型新思路 [J]. 出版广角，2019（9）：67-69.

[7] 国佳 . 试析社交短视频与出版物营销的融合发展 [J]. 出版广角，2018（22）：58-60.

[8] 邓若伊，余梦珑 . 短视频发展的问题、对策与方向 [J]. 西南民族大学学报（人文社科版），2018，39（8）：129-134.

互联网新技术在电视节目制作中的模式创新研究

刘 阳

（北京印刷学院　北京　102600）

【摘要】本文梳理了 AI、大数据、8K、云计算等互联网新技术在电视节目制作中的应用，通过 AI 主持人、芒果超视、8K 春晚录制、广电云网等应用案例，说明了 AI、大数据、8K、云计算等互联网新技术在电视节目制作的策划、采录、编辑、审核阶段的应用，以及对电视节目制作模式的创新。

【关键词】电视节目；人工智能；云计算

当前，移动新媒体正在快速发展，曾经最具影响力的电视媒体则面临巨大的竞争压力。因此，运用 AI、大数据、8K、云计算等互联网新技术提升电视节目的质量、增强电视节目的制作能力、重塑电视节目的制作流程，已成为电视媒体发展的必然选择。

一、电视节目制作的流程与模式

（一）电视节目制作的流程

电视节目制作可分为两大流程，即前期制作流程与后期制作流程。每个流程又可分为两个阶段，分别为前期制作流程中的策划阶段和采录阶段，以及后期编辑流程的编辑阶段与审核阶段。

1. 策划阶段

策划是节目的基础，包括构思节目、确立主题、搜集资料、草拟脚本等多个环节，节目的构思越完善，拍摄的条件和困难考虑得越周全，节目制作就会越顺利。此外，还需要考虑节目选题的市场、观众的接受度与喜好度等节目的预期收视问题。

2. 采录阶段

不同类型节目有不同的制作方式，以演播室拍摄为例，需要完成剧本排演、分镜头剧本设计、演播室布景准备、拍摄设备运用等多流程的采录工作。

3. 编辑阶段

拍摄完成的内容，需要经过画面素材的编辑、特技的运用、字幕的制作以及声音的混录等多个编辑阶段才能最终完成成片的输出。

4. 审核阶段

节目负责人审看，提出意见，编辑团队修改，最后存档、播出。

（二）电视节目制作的模式

常见的电视节目制作模式有三种，分别为 ENG 模式、EFP 模式及 ESP 模式。

1.ENG 模式

电子新闻采集（Electronic News Gathering, ENG），指的是使用便携式的摄像、录像设备采集电视新闻的节目制作模式。在 ENG 制作模式中，一般只需要一台便携式摄录机，需要时再加上一名记者，就可以构成一个流动新闻采访组，方便深入街头巷尾、村庄、山区进行实地拍摄采访。

ENG 模式非常机动灵活，是一种基本的电视节目制作模式，被新闻类电视节目在采集素材时广泛使用。

2.EFP 模式

电子现场制作（Electronic Field Production, EFP），是以一整套设备联结为一个拍摄和编辑系统，进行现场拍摄和现场编辑的节目制作模式。利用 EFP 模式，可以在事件发生的现场或演出、竞赛现场制作电视节目，进行现场直播或录播。但必须具备一整套设备系统，包括两台以上的摄像机、一台以上的视频信号（图像）切换台、一个音响操作台及其他辅助设备（灯光、话筒、录像机运载工具等）。

多机摄录、即时编辑，是 EFP 模式最突出的优点，EFP 模式也因此被称为"即时制作模式"，广泛应用于文艺、体育类电视节目的制作过程中。

3.ESP 模式

电子演播室制作（Electronic Studio Production, ESP），是指演播室录像制作。ESP 制作模式技术质量高、特技手段丰富，具有高保真效果的音响、完备的灯光照明系统、布景中心、录制设备和控制设备等，是一种较为理想的制作模式。ESP 模式既可以先拍摄录制，再编辑配音，也可以多机同时拍摄，在导演切换台上即时切换播出。

ESP 模式综合了 ENG 和 EFP 模式的优点，手段灵活，可用于各类节目制作，是目前大部分电视节目，尤其是综艺节目的主要制作手段。

在电视业近百年的发展历程中，人们不断采用新技术，改进电视节目的制作模式。目前 AI、大数据、8K、云计算等新技术都正在被逐渐运用于电视制作领域，形成了多种新的电视节目制作模式。

二、AI 在电视节目制作中的应用

AI 是研究、开发用于模拟、延伸和扩展人的智能的理论、方法、技术及应用系统的一门新的技术科学，简单来说就是用计算机模拟人类的大脑，例如深度学习、神经网络等热门理论都属于 AI 这一范畴。AI 在电视节目制作中的应用就是通过计算机模拟人对信息的处理过程，并应用于电视节目的生产和制作中。

（一）在策划阶段的应用：智能选题

首先，AI 通过对电视终端收集到的用户收视习惯以及收视倾向的整理与分析，预测出用户未来的消费倾向，为电视节目的策划提供更准确、更有参考价值的选题方向。

其次，AI 可以为电视媒体内容资源建立信息量庞大的数据库，结合大数据与云计算技术完成对相关数据信息的整理分析，对电视节目选题进行多类型、时间窗口价值的预判，有效地提升策划水平和选题准确性，进而把控选题失误的风险。

（二）在采录阶段的应用

1.AI 主持人

AI 主持人是依靠人类的数据编码进行内容输出的，早先出现在一些简单化、程序化的电视节目中，如东方卫视《每日天气预报》的"小冰"、《直播长江》的"康晓辉"、南方财经新闻的"姐江涛"等，都是 AI 主持人的成功范例。在这些节目中，AI 主持人充分发挥其高效的数据调用能力和精准的信息播报能力，避免了人工播报的失误，保证了电视节目尤其是直播节目的传播质量。

伴随着 AI 信息存储能力、程序运算能力、深度学习能力的不断提升，AI 主持人逐渐出现在越来越多种类化的电视节目中，如在文艺演出《2019年网络春节联欢晚会》中，与撒贝宁联合主持，在益智类综艺节目《最强大脑》中，为现场观众讲解、科普知识，在音乐类综艺节目《蒙面唱将猜猜猜》《渴望现场》中，完成听声识人、为选手打分等工作，完成一些数据处理和文本朗读功能，将传统主持人从复杂烦琐的数据工作以及科普工作中解脱出来，也提高了节目的录制效率。

2. 体育赛事转播

在 2019 年 8 月的 BIRTV 高峰论坛上，EVS 发布了新一代应用 AI 技术设备，利用 AI 实现体育赛事的超级慢动作回放、自动多机位切换、赛场与球员识别、智能构图等场景的创新应用。

在体育赛事转播中，AI 可以在特定的比赛场景中，智能定位、提取比赛数据，快速便捷、形象地展示在播出画面中；运用智能演算内插法，还原超级慢动作的清晰图像；根据比赛场地的定位识别，智能控制、联协多机位摄像机自动构图取景，智能切换输出信号，生动还原比赛现场的精彩瞬间，让用户有更好的视觉体验，实现沉浸式观看。

（三）在编辑阶段的应用：芒果超视

除智能选题、AI 主持人外，AI 还可以辅助编辑人员完成音视频编辑工作。

湖南卫视的《歌手·当打之年》在疫情期间采用了"云录制"模式，在传统演播厅录制模式下，仅需要几名摄像师捕捉现场观众镜头，再进行人工剪辑。而"云录制"模式下的 500 位在线观众，在整个节目过程中会产生约 90 小时、近 70000 条的视频素材，如果依靠人工剪辑，需要 200 多人同时进行，才能在一天内完成。湖南卫视将早先用于两会报道的芒果超视技术首次运用到综艺节目的制作中，通过 AI 识别技术精选出时长超 5000 分钟的有效视频素材，再通过 AI 智能拆条功能对素材进行标签化多维度素材剪辑，然后交由节目组后期团队进行精剪，整个过程仅需要几名工作人员就可以在一天内完成。AI 技术还可以精准捕捉"云观众"的情绪，再将这些素材按标签化进行表情归类，极大地提升素材选取和后期剪辑的效率。今后，芒果超视还将与湖南卫视、芒果 TV 多档节目对接，进一步完善产品功能，让 AI 技术在更多类型的电视节目中得以应用。

此外，AI 的智能语音技术也被广泛应用到电视节目制作中，如在《创新中国》纪录片中，制作团队利用 AI 复刻了已故配音演员李易老师的声音。在 2019 年央视春晚中，制作团队利用 AI 进行春晚小品字幕制作，提高了近10 倍的工作效率。

无论是 AI 的识别技术还是语音技术，都让电视节目制作的速度更快，难度更低，人力更省，也让电视节目可以更快地追赶其他新媒体高速度输出内容的脚步。

三、8K 在电视节目制作中的应用

8K 是一种超高清视频显示技术，它是一个分辨率的范畴，即 7680×4320的像素分辨率。在国际电信联盟于 2012 年 8 月发布的现阶段数字电视视频系统的最高技术标准中，8K 超高清电视视音频技术参数为：7680×4320 清晰度，120p 帧率，HDR 高动态范围，BT.2020 色域，22.2 环绕声。而电影院的数字电影视音频技术参数为：2048×1080（部分 4096×2160）清晰度，24p（部分 48p）帧率，SDR 标准动态范围，DCI–P3 色域，5.1 环绕声（巨幕11.1 环绕声），简单来说，就是 8K 超高清电视在图像和声音两个方面均远超于电影院水平。

2019 年 3 月 1 日，中国工业和信息化部、国家广播电视总局、中央广播电视总台联合发布《超高清视频产业发展行动计划（2019—2022 年）》，加快推动我国超高清视频产业快速健康发展。预计到 2022 年，我国 8K 超高清电视终端销量占电视总销量的比例将会超过 5%，超高清电视节目制作能力超过 3 万小时 / 年，超高清视频用户数将达到 2 亿人。

8K 超高清是目前最尖端的电视节目制作技术，制作难度较高，拍摄手段尚不丰富，因此还处于起步阶段，主要用于大型赛事、盛典的转播和制作，如 2019 年的国际篮联篮球世界杯、中国网球公开赛北京站、十一国庆 24 小时慢直播以及 2020 年春节联欢晚会，都应用了 8K 技术。

（一）在采录阶段的应用：8K 春晚录制

2020 年春节联欢晚会通过 8K 高分辨技术拍摄制作，实现了 8K 技术在电视节目采录上的突破。2020 年春晚主会场的 8K 信道制作系统集合了全球

8K 领域最新、最尖端的技术和工艺，采用了演播室系统主构架，包括图像采集系统、记录系统、同步系统和图像监看监测系统四个部分。图像采集系统配置了 UHC-8300 演播室摄像机、UHDC-8300 摄像机控制单元、富士箱式镜头、佳能变焦镜头，能够满足不同格式信号的输出。记录系统包括两台记录服务器、笔记本电脑、显示器等设备，可以实现 50p、100p 不同 8K 格式图像的记录、存储、显示和控制。同步系统采用了 4K 存储卡录像机作为时间码发生器，同步摄像机控制单元和两台记录服务器，保证了信号相位同步以及记录图像的帧间关系。图像监看监测系统包括索尼 4K 监视器、高清监视器、98 寸 8K 电视机、佳能 55 寸 8K 监视器和利达 8K 示波器，实现了高清直播、4K 直播、8K 录制三种不同格式的图像、波形、色域同步监看和质量控制。8K 高分辨技术拍摄将 2020 春晚舞台的美轮美奂体现得淋漓尽致。

（二）在编辑阶段的应用：Nova118KHDR 超高清非编工作站

在十一国庆 24 小时慢直播中，由于国庆 8K 素材的数量与格式过于复杂，给编辑工作带来了巨大的挑战。因此，技术团队创新性地采用了 Nova118KHDR 超高清非编工作站，其具备强大的自动化色彩管理、8K 多格式混编、高性能 8K 实时编辑、8K/4K 超高清 HDR& 高清 SDR 同步制作输出技术、WCG/HDR 示波器、5.1/7.1、5.1.4/7.1.4 环绕立体声制作等特性，能够实现不同编码、不同动态范围、不同曲线的 8K 多格式高码混编以及实时输出。

此外，其全网络化的特性可以让编辑人员在多台设备上并行剪辑，满足十一国庆高效率高质量的转播要求；基于 8K 的多机位综艺剪辑特性，通过代理码率快速完成海量素材及镜头挑选、成组，大大减轻了编辑团队的工作量。在 8K 监视器稀缺的情况，技术团队还创新性地推出了"8K 编辑 +4K 监看"双引擎技术，用户在 4K 监视器中就可以监看完整画幅，并保留了原有画面色彩和动态信息。这一制作模式的创新，既解决了画面监看问题，又简化了编辑流程，提升了节目制作效率，降低了节目制作的成本，为 8K 电视节目的编辑工作提供了借鉴与参考。

四、云计算在电视节目制作中的应用

云计算是通过网络"云"将巨大的数据计算处理程序分解成无数个小程序，再通过多部服务器组成的系统对这些小程序进行处理和分析，得到结果并返回给用户。简单说就是把各种服务器资源整合到一块，在需要的时候，按需求调用其中的一部分资源，执行计算存储之类的工作，如百度云、阿里云、腾讯云、华为云等都属于此类。

（一）在采录、编辑环节的应用：广电云网

广电云网是基于广电的媒体资源，建立的基于云计算的广电大数据网络，以达到资源共享的目的。广电云网的终端是各个广播电视台本埠的固定终端以及在外工作的广电人员的移动终端，每个终端利用广电云网的先进的基础设施和超级计算能力，来为工作人员提供海量的信息数据。例如，在现场直播活动中的电脑、外访记者的手机或驻外编辑的个人工作站等移动终端连上互联网，就能通过统一的应用软件或浏览器，经广电云网在线搜索所需的媒体资源或上传资料，也可以搜索位于广电云网终端之外的互联网上的音视频资料。

新闻类电视节目可以利用云计算技术下的广电云网，使新闻采集、生产、制作、编审等新闻采编业务流程重构。在加入广电云网后，电视节目的内容就不再局限于本台工作人员的采编了，全国所有广播电视台的媒体资源以及互联网上的各类音视频资料都将成为各广电云网终端的电视台的资料库，广电云网上的海量音视频资源，根据设定的需要，经过云计算，可以瞬间传输到用户终端，在极大地丰富了节目的内容的同时，也使广播电视行业内的记者群体之间实现资源共享，大大降低新闻资料收集难度，缩短收集时间，提升电视节目制作的效率。此外，云计算技术能够更加高效地突破传统制作模式对远程编辑的限制，实现电视节目的远程编辑，进一步提升远程编辑的效率和质量。

（二）在审核阶段的应用

云计算具有对播出内容进行监控分析的功能，通过应用云计算技术能将电视节目中冗余的部分删除，对内容进行分析优化。在电视节目播放过程中，应用云计算技术的监测系统可对相关节目进行分析，与数据库中储存信息相结合，对播放内容进行定位；系统还能够实现播放广告时实时对观看数据以及收视率的信息进行采集，作为评估广告效果的重要依据。

新媒体的盛行离不开其高效率的内容产出以及带给用户的沉浸式体验，

这也恰恰是目前的电视节目制作模式所欠缺的。

电视节目制作的流程相较于其他媒体内容输出的流程更多、更复杂，这也导致了其同时间内的产出量更低。因此，我们首要解决的就是产能问题。利用 AI 技术让电视节目前期选题更快，利用云计算技术让电视节目后期编辑更快。速度提高的同时，选题命中率也越来越高，编辑手段也越来越丰富，新技术带给电视节目制作的是又快又好，制作效率更高，产出更多，同时还节省了大量的人力财力，将资源更多地用于新的制作技术的开发上，由此形成良性循环。

提高电视节目制作效率的同时，我们还需要在有限的内容上，给用户更好的体验。电视节目虽然不能实现私人订制，但我们可以给用户更好的观感，利用 8K 技术让电视节目画面、声音更清晰、更真实，利用 AI 技术让电视节目画面更好看，从构图、切景上让观众更喜欢。新技术带给观众的是视觉和听觉上的盛宴，是沉浸式的体验，这样用户才会更愿意选择电视媒体，观看电视节目。

互联网新技术将重构电视节目的制作模式，我们只有充分运用 AI、大数据、8K、云计算等技术，才能够创新电视节目形态，优化电视节目制作流程，建立精准传播的服务体系，增强用户的收视体验，以此来支撑电视媒体从传统媒体向当代新型媒体快速转型升级。

参考文献：

[1] 康耀 . 云计算的智慧广电发展战略和应用分析 [J]. 中国有线电视，2020（3）：295-296.

[2] 韩林珊 .AI 主持人"亮相"电视节目的思考 [J]. 新媒体研究，2020，6（7）：79-81.

[3] 白宇 . 人工智能开拓广播电视视频领域的新应用 [J]. 现代电视技术，2020（3）：116-119.

[4] 广电猎酷 .【行业】湖南卫视实现全新"云录制"——"5G 芒果超视"[EB/OL].https：//xw.qq.com/cmsid/20200225A0LETC00，2020-02-25/2020-06-07.

[5] 工业和信息化部，国家广播电视总局，中央广播电视总台 . 关于印

发《超高清视频产业发展行动计划（2019—2022 年）》的通知 [EB/OL].
http：//www.gov.cn/zhengce/zhengceku/2019-10/21/content_5442977.htm，
2019-02-28/2020-06-07.

[6] 史海静 .8K 创新应用展示春晚精彩——记中央广播电视总台 2020 年
春节联欢晚会首次采用 8K 技术制作 [J]. 现代电视技术，2020（4）：30-33.

[7] 邵晨 . 中央广播电视总台国庆 8K 采编系统设计与应用 [J]. 现代电视
技术，2020（1）：20-23.

[8] 张君瑜 . 浅谈广电云网的构建及其重要性 [J]. 科技传播，2019，11（6）：
127-128.

[9] 周晓莉 . 云计算技术在广播电视监测系统中的应用研究 [J]. 西部广播
电视，2019（20）：215-216.

抖音短视频用户使用意愿的影响因素研究

付莹　侯欣洁

（北京印刷学院　北京　102600）

【摘要】短视频行业风头正茂，截至 2020 年 1 月，作为短视频头部代表的抖音 App 日活用户超过了 4 亿，以往对于抖音用户使用意愿的研究中，研究模型的维度较为细致，但较少考虑算法推荐系统对用户需求的影响因素。本文以持续使用意愿模型、使用与满足理论和感知价值理论为基础，运用问卷分析法和深度访谈法得出结论：用户对于使用抖音短视频 App 的期望确认会正向影响其感知易用性、感知有用性和满意度；感知易用性、感知有用性和满意度会正向影响到用户的持续使用意愿；此外，算法推荐机制也影响到用户的使用意愿。抖音作为一款工具型 App，用户留存度是考量其成功与否的标准之一，目前抖音只满足了用户消遣娱乐的需要，因此应加强陌生人社交和熟人社交机制，培养用户互动的习惯，提高用户留存度。

【关键词】抖音短视频；用户使用意愿；满意度；算法推荐

一、引言

根据巨量算数的调查数据显示，截至 2020 年 1 月，抖音短视频 App 的日活用户已经超过 4 亿，相比去年的 2.5 亿，增长了 60%；数据报告还指出抖音超过快手、火山小视频等移动视频 App 的日活用户规模，持续保持行业领先。短视频发展至今，已经算不上是一个"新名词"，如何在激烈的市场中吸引用户并且留住用户，是每一个短视频平台都要思考的问题。本次研究意在探究社会用户对抖音的使用行为，剖析影响用户使用抖音短视频 App 的影响因素，从而为平台持续发展提出建议。

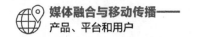
二、文献综述

（一）持续使用意愿

持续使用意愿指的是用户对于某一产品不间断使用的意愿程度，使用与满足理论、计划性为理论、理性行为理论、期望确认模型和技术接受模型（Technology Acceptance Model，TAM）等是用来研究用户持续使用意愿的常用理论基础。最早，巴塔（Bhattacherjee）提出了ECM-ISC信息系统持续使用模型，该模型是将研究用户接受模型和研究用户重复购买或使用的期望模型整合在一起，对研究网络银行用户的持续使用行为进行了有效的验证。在ECM-ISC模型中，影响信息系统持续使用的因素有三个：期望确认、感知有用性和满意度。经过证实，期望确认和感知有用性可以通过满意度间接作用于用户对信息系统的持续使用意愿。此后，许多学者以ECM-ISC为基础，融合进新的因素来探索其他系统的使用意愿。在崔洪成等人对健身App持续使用意愿因素研究中，将社群影响、信任等变量加入进技术接受模型中，研究发现感知有用性、社群影响和信任是影响健身App持续使用的主要因素。

（二）使用与满足理论

使用与满足理论是研究大众传播效果中不可或缺的理论之一，从受众的角度出发，分析受众对媒介的使用动机以及获得满足的需求是该理论的研究方向。众所周知，用户是基于自己的需求来使用某一产品的，当自己的需求被满足后，用户会考虑持续使用该产品，反之会选择其他的产品来使自己的需求被满足。互联网传播的方式给予了受众极大的主动权，而互联网传播速度快、范围广的特点使"受众与满足"理论有了新的时代含义，信息性期望、消遣性期望、社交性期望和替代性期望是研究者总结出用户使用抖音App的四项期望和需求；同时个人因素和社会因素会影响到用户对抖音App的期望差异；感知价值和使用意愿是考察用户对抖音App的满足和使用结果的两个维度。

（三）感知价值理论

感知价值理论最早由泽瑟摩尔（Zaithaml）于1988年从顾客的角度提出，

是顾客经过体验后对产品或服务给出的综合性的评价。对于感知价值的维度，不同的学者有不同的观点，斯维尼（Sweeney）等将感知价值分为三个维度，分别是实用价值、社会价值和享乐价值；在研究社会化阅读平台对用户持续使用意愿的影响研究中，研究者引入了感知价值这一理论，结合社会化阅读平台的特点，将感知价值细分成功能价值、社会价值、情感价值三个维度，结果发现社会价值与情感价值与用户持续使用意愿呈正相关。在一项关于商家使用移动支付的意愿调查研究中，顾客感知价值的增加，对商家使用意愿的影响最大。

三、研究理论与研究假设

（一）感知易用性

感知易用性指的是用户在使用信息系统时对系统操作起来难易程度认知，已有研究表明，感知易用性能正向影响到感知有用性，由此提出的假设是：

H11：感知易用性对用户关于抖音短视频 App 的满意度有显著影响。

H12：感知易用性对用户持续使用抖音的意愿有显著影响。

（二）感知有用性

感知有用性是在用户使用信息系统的过程中，对信息系统能否满足自身需求的判断，因此提出假设：

H21：感知有用性对用户关于抖音短视频 App 的满意度有显著影响。

H22：感知有用性对用户持续使用抖音的意愿有显著影响。

（三）满意度

从字面意思可以看出，满意度指的是用户结束对信息系统的体验后所产生的一系列主观感受，提出以下假设：

H3：满意度对用户持续使用抖音的意愿有显著影响。

（四）期望确认

用户使用完信息系统后会将使用感受与使用前对该信息系统的预期进行对比，称为期望确认。学者研究表明，如果实际感知的有用性和易用性相比较于使用前的期望效果好，就会产生正向确认并且促进满意度的提高，反之，则会降低满意度。因此，提出如下假设：

H41：期望确认对用户满意度有显著影响。

H42：期望确认与感知有用性有显著影响。

H43：期望确认与感知易用性有显著影响。

（五）持续使用意愿

用户在第一次体验信息系统后，能否持续使用该信息系统，是衡量一个信息系统是否成功的主要标准之一，拥有一定的用户基础后，才能在 App 如此繁多的互联网时代占据不败之地。

（六）研究模型

综上，本研究的研究模型如图 1。

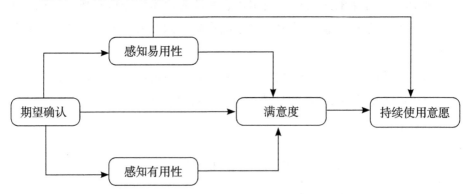

图 1　抖音短视频用户持续使用意愿的研究模型

四、数据处理与数据分析

（一）问卷发放

本次通过问卷星进行问卷的发放，面向朋友圈中的网络好友、微博和豆瓣的陌生网友，共收到 263 份答卷，剔除无效问卷 8 份，有效问卷 255 份。其中，男性 122 人，女性 133 人。

（二）数据处理

问卷采用了李克特 5 点量表进行问卷设计，其中 1 表示非常不同意，5

表示非常同意。通过问卷星和 SPSS23.0 进行数据的处理和分析统计工作。

1. 问卷的信度和效度

由表 1 看出，总量表信度系数为 0.927，各个变量的 Cronbach's Alpha 均值也在 0.7 以上，KMO 值为 0.889，p < 0.01，说明本次问卷的信度和效度较好。

表 1　研究变量信度分析

变量	Cronbach's Alpha	项数
期望确认	0.779	3
知易用性	0.727	4
感知有用性	0.701	3
满意度	0.858	3
持续使用意愿	0.891	3
合计	0.927	16

2. 抖音用户使用场景

有 91.57% 的人会在夜晚浏览抖音，56.63% 的用户在中午也会浏览抖音，这与大数据报告调查结果一致，巨量算数报告指出：中午 12 点和晚上 20 点都是浏览抖音的高峰时段，工作日时 19 点到 23 点更活跃，周末时 9 点到 17 点更活跃，如图 2。

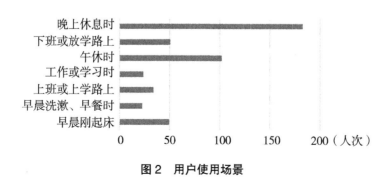

图 2　用户使用场景

互联网夜间经济报告数据显示，抖音短视频 App 在 2019 年 8 月夜间用户偏好的 App 排行榜中，活跃渗透率（目标人群在目标行业或 App 在活跃用户数／目标人群活跃总数）排名第二；此外，19 点至 23 点的时间范围是用户从工作单位到家庭空间的切换，此时用户的私人时间较为充足，不易受到外界的干扰，因此更有精力浏览短视频的内容。

综上所述，无论是从空间还是时间的角度上来看，夜晚都是用户浏览短视频的黄金时段。

3. 用户喜爱的短视频内容类别

幽默搞笑类的短视频在众多视频类型中脱颖而出，成为用户喜爱的短视频内容，美食类、影视剪辑类、萌宠类、生活技能类短视频处于用户喜爱的短视频类型的第二梯队，如图 3。

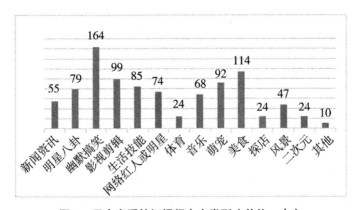

图 3　用户喜爱的短视频内容类型（单位：人）

4. 用户对于感兴趣的视频操作

短视频用户在看到感兴趣的视频时，绝大多数会进行点赞，而评论、转发和跟拍的用户少之又少，如图 4。

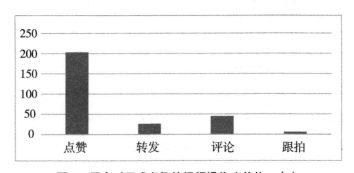

图 4　用户对于感兴趣的视频操作（单位：人）

5. 期望确认对感知易用性、感知有用性、满意度的影响

通过线性回归方程可知，期望确认对感知易用性、感知有用性和满意度都存在正向影响，见表 2。

期望确认会正向影响到感知易用性、感知有用性和满意度，满意度对持续使用意愿也有正向影响。在关于大学生对于旅游 App 的使用意愿中，也证实了大学生使用旅游 App 后的预期正向度越高，满意度也会越高。根据"使用与满足"理论可知，用户在使用一款软件前都是基于一定的需求，需求是否被满足会直接影响到下一次的使用情况。

表 2　期望确认对感知易用性、感知有用性、满意度的影响

统计量	β	t	p
感知易用性	0.357	5.537	< 0.001
感知有用性	0.652	12.474	< 0.001
满意度	0.589	10.554	< 0.001

6. 感知易用性对满意度的影响

通过线性回归方程可知，感知易用性对满意度存在着正向影响，见表 3。

表 3　感知易用性对满意度的影响

满意度	β	t	p
	0.407	6.457	< 0.001

7. 感知有用性对满意度的影响

通过线性回归方程可知，感知有用性对满意度也存在着正向影响，见表 4。

表 4　感知有用性对满意度的影响

满意度	β	t	p
	0.685	13.638	< 0.001

8. 感知易用性对持续使用意愿的影响

由线性回归方程可以看出，感知易用性对用户的持续使用意愿存在着正向影响，见表 5。

表 5　感知易用性对持续使用意愿的影响

持续使用意愿	β	t	p
	0.366	5.698	< 0.001

9. 感知有用性对持续使用意愿的影响

由线性回归方程可以看出，感知有用性对用户的持续使用意愿存在着正向影响，见表6。

表 6　感知有用性对持续使用意愿的影响

持续使用意愿	β	t	p
	0.628	11.683	< 0.001

10. 满意度对持续使用意愿的影响

由线性回归方程可以看出，满意度对用户的持续使用意愿存在着正向影响，见表7。

表 7　满意度对持续使用意愿的影响

持续使用意愿	β	t	p
	0.727	15.362	< 0.001

对于年龄较大的用户群体来说，操作一个新的信息系统软件并没有年轻人那么顺畅，因此感知易用性对持续使用意愿有着重要的影响。在本次调查中，观看"幽默搞笑"类的短视频占总人数的77.36%，40.09%的用户喜欢浏览"生活技能"类的短视频，在生活节奏不断加快的时代，抖音短视频App作为一款娱乐性社交软件，满足了用户在碎片化时间放松休闲和掌握生活小技巧的需要。

（三）深度访谈

抖音隶属于以"算法"立身的字节跳动公司，强大的算法通过不断深描用户画像，为其精准推送视频。随着大众对抖音关注度的日益增多，也将算法推荐带到了公众的眼前，其负面影响引起了人们的注意，为了验证是否存在信息茧房，笔者在问卷调查后对部分抖音用户进行了一次深度访谈。

通过本次深度访谈，笔者发现以下两点结论与先前所做的问卷调查结果一致，首先，搞笑类的短视频内容是最受用户喜欢的视频类型，这与抖音的产品定位相符，作为一款泛娱乐类App，其满足了用户放松娱乐的需求；其次，使用时长在30分钟以上的用户占比最高，抖音下滑式浏览的操作界面和算法推荐机制，使人在不知不觉中忘记了时间的流逝。

但是，在用户满意度方面，深度访谈与问卷调查的结果稍有出入。问卷调查中"相比其他App，我更喜欢这款"题目下，有17.46%的用户持绝对负向态度；在深度访谈中，有近半数的用户表示抖音并不是最喜欢的视频类App，在追问用户社交软件的使用偏好问题后，笔者发现用户的使用偏好可分为信息获取类和娱乐消遣类，以微博、知乎等社交软件为代表的信息获取类应用，用户普遍认为微博和知乎比抖音更能获取到全面的信息；与抖音相比，在娱乐消遣类视频应用软件中，B站更利于用户准确地搜索到自己想要观看的视频，并且视频的时间长度不受限制，用户能从中获取到更多的信息；还有用户表示更倾向于使用快手，原因是快手的操作界面更自由，瀑布流的视频呈现格局给予用户更大的自主选择空间，用户可以在一屏的四个视频中选择性浏览；而抖音是下滑式浏览，意味着用户不可避免地要观看系统推荐的每一个视频，因此抖音用户的自主性相对更小。

五、讨论与建议

（一）短视频不短，抖音布局长视频领域

从视频时长上来看，最初在抖音App上发布的短视频最多只有15秒的时间，随着用户的不断增多，视频内容逐渐多样化，测评、教程、科普类的视频内容受到用户的喜爱，仅仅在15秒内并不能完全将内容讲述清楚，因此抖音在后来的更新版本中将视频时长提高到1分钟、3分钟甚至5分钟，与此伴随的是用户在抖音上花费的时间成本会越来越高，因此用户更多地选择在夜晚使用抖音。值得注意的是，抖音的母公司字节跳动在2020年年初时购买了春节档电影《囧妈》的版权，又在3月购入电影《大赢家》供用户在旗下的短视频平台免费观看，由此可以看出字节跳动已不满足于在短视频领域的生态建设，通过"免费请网友看电影"构建长视频内容生态，欲打造出字节跳动专属的视频类产品矩阵，以获取更多用户流量。

（二）算法推荐是影响用户持续使用意愿的因素之一

在对部分抖音用户进行深度访谈时笔者还发现，虽然超过半数的用户并不了解抖音的算法推荐机制，但这并不影响用户继续使用抖音的意愿。

被告知抖音的分发逻辑后，用户对待此机制的看法毁誉参半，好的方面是满足了用户能看到自己感兴趣的视频内容的需求，不好的方面是导致用户浏览到的内容日益趋同化、使人易沉迷，还有用户担心自己的隐私会被泄露。即便如此，超过半数的用户仍然保持着每天都会打开抖音的使用习惯，这可以从用户的使用行为看出缘由。以抖音为代表的短视频社交逐渐成为一种流行的网络社交方式，有抖音用户表示喜欢短视频的呈现方式，因为短视频比图文更加直接，有时只需要调动听觉即可；在被问及喜欢的抖音博主有哪几位时，受访对象的回答形形色色，各不相同，这意味着在抖音上，不同年龄和性别的用户都能找到自己喜欢的视频博主和视频内容，这种精准的算法推荐极大地满足了不同用户的个性化需求，是吸引用户、留住用户的关键因素之一。

（三）抖音 App 工具型属性的再思考

抖音从 2016 年 9 月正式上线，至今已有 4 年多的时间。作为工具属性的抖音，凭借着强大的算法机制，打破年龄、性别、地域的限制，向不同的用户推荐其感兴趣的内容类型，达到了消遣娱乐、充实自身的目的。从用户的使用行为来看，用户对于自己喜爱的短视频，点赞行为远远大于评论、转发和跟拍，笔者搜集了 5 个点赞量破百万的热门视频，整体上看，"点评转"成正比，即点赞越高，评论和转发的数量也越高，但就单一视频来看，点赞的数量远远大于评论加转发数量之和。在对抖音用户的深度访谈后笔者发现，只有极少数用户在登录抖音后会先去查看已关注的博主是否更新过视频，绝大多数用户是随意浏览。方正债券通过对抖音和快手的深度复盘分析得出结论，抖音媒体属性更强，KOL 的赞评比是 42：1；快手社区属性更强，KOL 的赞评比为 13.05：1。由此可以看出，抖音用户与视频博主之间的黏性互动有待提高。

目前用户在抖音上的社交行为限制在熟人社交，陌生人社交模式并未被打通，因此用户在线上与陌生人的互动极少。除此之外，笔者认为抖音的熟人社交模式也尚未开发完全，即使在视频下方标记好友曾点赞、评论过该视频，也仅仅是给熟人之间的深入互动提供一个入口，缺少深入互动机制。提到熟人社交模式不得不提及腾讯微信，微信已于 2020 年 3 月正式开通视频号，此前腾讯在短视频领域已有微视、速看、看点小视频等多个短视频 App，想要在短视频领域占有一席之地，但都反响平平，此次开通微信视频号也是看中了微信庞大的用户基础，根据 2019 年微信用户数据报告显示，截至 2019 年 9 月，微信月活用户达 11.5 亿，小程序日活用户超 3 亿，作为一款国民 App，微信的地位不言而喻，视频号的入口位置处于朋友圈入口的下方这一黄金位置，每日的自然流量可想而知。有了强社交链的加持，视频号日趋成熟时，必然会分走部分抖音用户流量。

抖音作为工具型 App，用户留存度是衡量其成功与否的重要标准之一。因此笔者认为，抖音应着重开发陌生人社交机制，加强陌生人之间的连接，同时给熟人社交提供更深入的空间，养成用户互动的习惯，才有利于增强用户黏性，提高用户留存度。

（四）技术赋能，短视频产业将继续影响传媒生态

马斯洛需求层次理论中提到，社交需要、尊重需要和自我实现的需要均属于较高层次的需要。根据学者的研究可以看出，目前各大短视频平台都遵循着"有内容才有用户，有用户才有流量，有流量才有利益空间"这一商业思维。如抖音隶属的字节系的产品矩阵包含了资讯类、视频社交类、图片摄影类、在线教育类、电商种草类，同时游戏业务也在深入搭建中，短视频行业经历了从以内容为中心到以人为中心的发展过程，基于用户的需求布局产品矩阵，从而达到用户需求满足，提高留存度，进一步商业变现的目的。

2016 年被称为短视频元年，2017 年短视频真正崛起，走进大众的视线；2019 年 6 月，我国正式进入商用 5G 元年。短视频在 4G 普遍商用，5G 初期进入的时代，催生了传媒新业态。以前，内容业与零售业是两个没有交集的产业，进入 5G 时代，直播带货早已成为常态，内容零售业应运而生，内容变现更加便捷。早在 4G 诞生之前，各界人士对 4G 和它所带来的变化有过许多猜想，经过时间的证实，部分猜想是错误的，因此我们也

可以推断出，5G 也会是重新定义的时代，也将响应和创造人类更高层次的
需求。

六、结语

抖音 App 作为短视频行业的头部力量，从上线到 MAU（月活用户）破
1亿用时一年半，从MAU1亿至4亿仅用了9个月的时间。这其中，除了有明星、
红人的入驻，还与其算法推荐机制密切相关，此机制能够满足不同用户的个
性化需求，因而越来越多的用户选择使用抖音。但在用户互动方面仍有所欠
缺，这是陌生人社交类 App 的惯有问题。积极开发用户互动机制，提高用户
留存度，从用户角度来看，能够在放松娱乐的同时结识到新的朋友；从行业
角度来看，有利于为进一步流量变现提供便利。

参考文献：

[1] 张镨心，祝梓惟 . 社交软件持续使用意愿的影响因素研究 [G]. 管理现
代化，2019（6）：61-64.

[2] 肖锋，麻锐宁 . 大学生旅游 App 持续使用意愿的影响因素——以携程
为例 [J]. 赣南师范大学学报，2020（1）：1-7.

[3] 崔洪成，陈庆果 . 移动健身 App 用户持续使用意愿研究 [G]. 首都体
育学院学报，2020（1）：75-81.

[4] 陆洪磊，黄一洋 . 用户使用短视频社交平台的影响因素 [G]. 青年记者，
2019（11）：43-45.

[5] 潘煜 . 影响中国消费者行为的三大因素 [M]. 上海三联书店，2009.

[6]SweeneyJC，SOUTARGN. Consumer perceived value：the development
of a multipleitem scale[J].Journal of Retailing，2001，77（2）：203-220.

[7] 刘晓莉，张雷 . 社会阅读平台特性、感知价值对用户持续使用意愿的
影响研究 [J]. 新世纪图书馆，2019（12）：53-56.

[8]Nidhi Singh，Neena Sinha. How perceived trust mediates merchant's
intention to use a mobile wallet technology.[G]. Journal of Retailing and Consumer
Services，2020，52：1-13.

[9] 谭天 .5G 时代：短视频是一种结构性力量 [J]. 新闻论坛，2020（1）：7—10.

[10] 马涛，刘蕊绮 . 短视频内容产业发展省思：重构、风险与逻辑悖论 [J]. 现代传播（中国传媒大学学报），2019，41（11）：17—22.

儿童有声读物平台的发展策略研究

——以喜马拉雅 FM 儿童频道为例

夏鑫怡

（北京印刷学院　北京　102600）

【摘要】据腾讯数据实验室《2018 中国少儿家庭洞察白皮书》估算，中国儿童消费市场的规模已突破 4.5 万亿元。在移动音频技术、移动智能终端和用户需求的共同驱动下，儿童有声阅读市场正在打开。喜马拉雅作为音频头部平台，面对庞大的儿童内容市场，其儿童频道采用 PUGC 式的内容生产模式，并通过打造 IP、将音频与智能硬件结合等树立品牌意识实现内容增值，通过 O2O 营销模式扩大用户触及率。但其发展过程中也存在些许问题：内容质量参差不齐、缺乏对少儿教育的特殊需求、平台互动反馈机制不健全。所以还需要发掘优质声音做好内容，加强内容的个性化定制、科学选择呈现的方式，提高儿童参与的主动性、完善运营机制，做好"把关人"。

【关键词】喜马拉雅 FM 儿童频道；儿童有声读物；PUGC；O2O 营销模式

一、喜马拉雅进入儿童领域原因

（一）在音频领域的多年经验

喜马拉雅在 App Store 总榜排名长期保持在前二十，在同类有声音频应用中排名第一。截至目前，喜马拉雅 App 已拥有用户 5.3 亿，其儿童频道日活峰值则已超 300 万。儿童频道在站内流量已经排到了前三，日均时长超过 120 分钟，加之内容付费的低龄化趋势，这些数据让他们确认了儿童频道这一品类的价值。

（二）平台用户具有潜在需求

喜马拉雅平台拥有超上亿条声音内容，并且因为其用户是典型的"三高"用户，即高学历、高收入、高活跃，所以每天的播放量就有上亿次。在内容消费中，视频、图书等载体都需要用户花费其屏幕时间，但音频内容不同，它让我们关注到内容消费中屏幕外的时间及空间。

（三）儿童有声板块市场快速增长

在图书行业中，少儿类图书占据四分之一的市场规模，约达 150 亿，且年增速达 29%，是图书行业中增速最快的板块。2017 年中国互联网版权市场规模达 6365 亿元，儿童产业链基本占到 26%，在内容产业中儿童领域空间很大。由于音频内容来源于图书，所以关于亲子儿童的音频内容，一定是内容产业中不可或缺且非常重要的一环。

二、喜马拉雅 FM 儿童频道内容分析

（一）PUGC+ 独家版权满足受众需求

领域精英主播（Professional User Generated Content, PUGC），将"PGC+UGC"联合起来，即专业用户生产内容。2015 年全球移动互联网大会，蜻蜓 FM 联合创始人赵捷忻首次提出 PUGC 这一概念。各大互联网平台都意识到单一的内容生产模式无法做到可持续发展，所以喜马拉雅、蜻蜓 FM 等移动平台都纷纷开始探索 PUGC 这一新的内容生产模式，引领音频行业的创新与发展。

在喜马拉雅 FM 儿童频道上，主播类型大致有三类：普通用户（UGC）、专业媒介组织（PGC）、领域精英主播（PUGC）。其中普通用户来自各个行业，基于兴趣爱好、育儿需求等开设电台，他们的内容及表现方式也更为多元及富有创造性，提供了大量的素材，也制作出了不少高播放量的节目，如主播"糖粥粥姐姐"，开设"糖粥粥姐姐睡前故事"栏目，声音甜美并且擅长角色扮演，很受儿童喜欢，截至目前专辑播放量达 5706.6 万次。喜马拉雅 FM 儿童频道的传播者已经不局限于专业主播，声音特质也不是评判节目的重要标准，内容、形式、创新性等都具备的节目将更易得到用户的青睐。

"专业媒介组织"大多是喜马拉雅 FM 儿童频道与其合作或者是购买专业团队生产的内容资源。例如，与喜马拉雅合作的"宝宝巴士"，它是为 0~8 岁儿童专门定制的精彩故事，致力于儿童智力与想象力的开发，《宝宝巴士·睡前故事》专辑已经达到 8 亿的收听量。专业的内容是儿童频道传播高质量节目的重要基石，确保内容的水准和传播度。

"领域精英主播"即在配音、童话创作、主播等领域具有一定权威的专业人士。比如，主播"晚安妈妈"申吉，她不仅是江苏泰州交通广播的主持人，还是一级播音员、童话作家。她的专辑《晚安妈妈睡前故事》已有 53.7 亿次的播放量，"晚安妈妈"电台拥有 183.4 万粉丝。PUGC 模式一方面对于专业内容生产者来说提高了主观能动性，可以自主选择所要生产的内容，另一方面对于草根用户来说降低了内容生产的无序和低效。

除 PUGC 模式生产的内容外，喜马拉雅 FM 还买下了大量独家的版权，与多家一线图书公司签订了合作协议，拥有近 70% 的有声书改编权，如《小猪佩奇全集》，由小猪佩奇版权方 Eone 正式授权，并且在其中加入了英语口语的对话练习，以及有趣的科普内容等，拓展了儿童的思路，丰富孩子的体验。"PUGC+独家版权"的内容供应链，PUGC 确保了儿童频道专栏的水准和传播力，独家版权则截断了其他平台竞争流量的通道。

（二）树立品牌意识实现内容增值

在互联网时代，内容不再局限于原来的含义，而是内容加运营、内容加产品等，将声音内容上升为产品，打造儿童 IP，并对其进行推广及传播，是互联网时代的开拓与创新。

1. 音频 + 智能硬件实现多产业的连接

2015 年，喜马拉雅与郑渊洁合作推出"舒克故事儿童机"，凭借其内容的积累，将音频与智能硬件结合，对儿童频道的内容首次进行"产品 + 内容服务"的探索与尝试。2017 年 6 月，喜马拉雅 FM 推出首款全内容 AI 音箱"小雅"，将内容转化为产品，变成音频节目的另一个输出终端，满足用户的不同场景需求。2018 年 7 月，由中国通信研究院出品的智能音箱行业首个官方报告《人工智能音箱行业评测报告》显示，喜马拉雅推出的小雅 AI 音箱因其海量的内容、出众的音质引领差异化市场，并且在用户综合评价榜力压天猫精灵、小度，在家位类别中居首位。

2. 利用影视 IP 实现口碑传播

在喜马拉雅儿童频道中，儿童出版物的音频 IP，如《米小圈上学记》《格林童话》等以及儿童影视作品的音频 IP，如《汪汪队立大功》《舒克贝塔历险记》等都有着很高的播放量，其中儿童广播剧《米小圈上学记》在播放量排行榜上长期位列前茅，截至 2020 年 5 月 23 日，播放量达到 25.2 亿次，订阅数量为 233.3 万，反映出这些 IP 有着强大的市场潜力。

3. 知识付费仍是价值增长点

对于喜马拉雅 FM 儿童频道来说，在引入知识付费理念，将知识变为一种服务或者产品，实现声音内容的增值的同时也刺激着优质内容的产生。

艾媒数据显示：在 2020 年 1 月，从典型的付费 App 月活跃人数来看，喜马拉雅活跃人数最多，为 7990.23 万人，位列中国知识付费月活跃人数第一。如图 1 所示，在 2019 届喜马拉雅 123 狂欢节上，内容消费总额定格在 8.28 亿元。狂欢节期间，付费内容超过 200 万条，超去年同期 45%，新增付费用户占比 25%，创下知识付费界的销量新高，其中历史人文、亲子儿童、商业财经是最受欢迎的品类。由图 2 可以看到亲子儿童类的付费内容排在第二的位置。据艾媒咨询有声阅读付费情况显示，2018 年家长给孩子听书付过费的超四成，如此高的购买率说明知识付费已经为喜马拉雅 FM 儿童频道的内容增值创造了新的天地，未来知识付费将持续为喜马拉雅 FM 儿童频道带来价值。

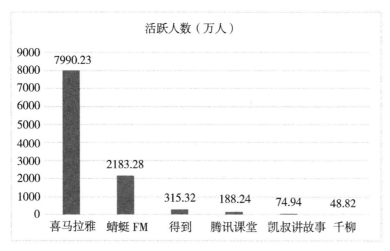

图 1　2020 年 1 月中国知识付费典型 App 月活跃人数对比

数据来源：艾瑞北极星互联网产品分析系统

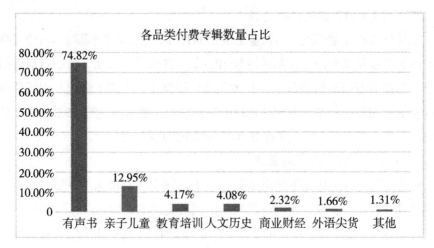

图2　2018年喜马拉雅各品类付费专辑数量占比分布

数据来源：喜马拉雅数据报告

喜马拉雅 FM 儿童频道没有仅仅局限于平台，而是以内容为依托，拓展传播渠道，创新传播思路，从实现频道的内容增值。

（三）O2O 营销模式扩大用户触及率

在各大平台都在争夺流量的时代，用户成了核心，要想在竞争中脱颖而出，需要企业具备 O2O 的全流量思维。O2O 营销是将线上的营销、互动与线下经营、消费相结合，通过线上互动吸引用户，增强内容的传播，线下则注重用户体验，为用户提供多元化的服务，用平台思维进行扩展，提高用户黏性。

喜马拉雅 FM 除评论、点赞、订阅等这些基本的交互设计外，还有"加群""听友圈"等互动形式，这样不仅让用户可以获得最新的节目信息，还可以与志同道合的听友进行交流，对于平台来说则更有利于用户社区的建立。且用户可以自己上传作品，拥有属于自己的粉丝，从而形成一个社交化生态圈。柯林斯曾提出人类行动的一个动机模型：人们趋向于那些当前可得到的强度最高的互动仪式。也就是说，他们趋向于获得相对当前资源的最高的情感能量回报。所以喜马拉雅多样化的互动设计可以增强用户的满足感及获得感，从而形成良性的互动，进而提高平台的活跃度。

在喜马拉雅 FM 儿童频道上，各位主播不仅在线上组建粉丝群，还积极地组织线下活动，使主播与用户之间能面对面沟通。线下的宣传活动在短时间内聚集起目标用户，使平台对用户有更深刻的了解，也更方便展开服务。比如，在 2018 年，喜马拉雅 FM 儿童频道的大热节目"凯叔讲故事"，走进了 50 个城市，包括广州、南京、上海等城市，其宣传内容形式多样且丰富，充分满足不同受众，包括"凯叔讲故事幸福妈妈招募""绘本之旅《北京的春节》""幸福妈妈培训会"等主题。这种线下活动不仅有利于对节目品牌的宣传，也能第一时间了解到用户的需求及建议，这样双向的互动对于节目的传播也有强大的推动作用。

三、喜马拉雅 FM 儿童频道传播内容的不足

（一）内容质量参差不齐

克里斯·安德森曾言，"职业者"和"业余者"之间的差别正在日渐模糊，事实上，这样的差别有可能最终变得无关紧要。我们不仅会去做职业岗位上的分内之事，还会去做自己想做的事，而且两者都可以拥有价值。

喜马拉雅 FM 平台的受众不仅从网上收听他人的节目，而且也可以自己进行节目的制作，不仅是接收者，还是信息的传播者。但是这种内容生产方式也不可避免地带来一些问题，如内容质量参差不齐、"把关人"缺位等，使儿童频道内容的整体水平受到考验。对于儿童来说，节目质量的好坏与其成长和发展至关重要，这是值得平台重视并加以解决的现实问题。

（二）缺乏对少儿教育的特殊需求

2015 年 8 月《儿科学》期刊发表了一篇研究论文表示，孩童听到的故事越多，脑部活跃度越高，可以增强其语言能力和想象力。儿童通过看、听来了解外面的世界，通过听觉不断地认知语言符号，并通过模仿来表达。儿童有声读物则"是不断利用声音来刺激儿童的语言中枢，让儿童先从模仿开始一步步增强表达能力"。因此儿童读物对于儿童的成长来说具有非常重要的价值。所以儿童读物之于儿童的认知和学习价值要远胜于其娱乐价值。

喜马拉雅 FM 儿童频道虽然内容多样，但有些节目在儿童成长教育方面做得还不够，所以应多推出一些有利于帮助儿童树立正确人生观和价值观的

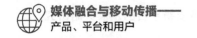

节目，促进儿童的智力与人格正向发展，进而推动社会文明进步及人类文明更好的传承。

（三）平台互动反馈机制不健全

良性有效的互动循环有赖于长期稳定的情感能量的积累，而长期的情感能量又依赖于成功的互动仪式，使群体成员产生集体兴奋，并热情自信地投入下一次的互动仪式。早在 2009 年，网易就有"无跟帖不新闻"的口号，用户参与内容的评论点赞无论对于博主还是平台的发展都有重要意义。

虽然喜马拉雅 FM 为用户提供了一些反馈沟通渠道，如在节目的下方进行评论，或者在"我的帮助与反馈中"表达，但是反馈的互动性不高，用户的声音很难被听到，互动性差会直接对用户的体验感和黏性造成影响，对于节目甚至儿童频道的长远发展是不利的。这需要平台方或者主播制定有力的运营策略和内容来刺激用户的参与，从而使节目及平台的发展更具有活力。

四、儿童有声平台发展优化建议

（一）发掘优质声音做好内容，加强内容的个性化定制

喜马拉雅 FM 儿童频道 PUGC 式内容生产模式催生出不少网红主播，如晚安妈妈、小月姐姐等主播，她们将睡前故事作为主要内容，声音亲和且富有感染力，吸引大批用户收听和订阅。因此喜马拉雅 FM 儿童频道要在普通用户中发掘一些富有潜力的主播，根据他们的特征进行专业化的培养，为主播提供资金、资源等服务，来为用户带来更为优质的内容。

丰富儿童类节目内容，可以增加艺术启蒙、科学素养、人文历史、各国文化等内容，培养儿童广泛、正向、积极的兴趣爱好，丰富孩子们的精神世界。对接、集合更多国内外优质的教育资源，上线名师名课，为孩子们提供最优质的教育内容，通过互联网音频实现教育的公平和普及。

对于喜马拉雅 FM 来说，个性化推送系统越完善，用户的信息全貌才越完整，如用户在儿童频道的停留时间、滑动次数、收听时段等。前期的资料收集与后台的数据相结合，构建更为完整的用户画像，从而更加精确地为用户提供个性化定制内容，提高用户体验和黏性。

（二）科学选择呈现的方式，提高儿童参与的主动性

对于儿童频道的内容传播，我们需要考虑儿童的使用需求，主播应以儿童的视角为出发点，要真正了解当下儿童喜欢什么，贴近他们的现实需要，始终将儿童的主体地位放在首要位置。

除内容生产环节外，主播也应该注重儿童的表达方式，如可以运用图文、直播的方式。儿童注意力的可持续时间较短，所以对于教育或是科普类的节目来说，只通过声音的表达不利于吸引孩子的注意，同时互动性也较差，所以喜马拉雅应该优化和完善对于图文、直播功能的使用，提高用户的参与感。在节目的评论互动方面，可以增加语音、表情包等互动方式。文字对于儿童来说可操作性较弱，语音评论的方式不仅更为便捷，且能够表达用户的真情实感。也可以组织线上和线下互动活动，如朗读竞赛、配音比赛、口述作文等，从小培养孩子热爱阅读的习惯。在为儿童用户带来全新体验时，平台也会实现声音内容的增值和转型升级。

（三）完善运营机制，做好"把关人"

对于儿童来说，节目内容的好坏直接关系到儿童的成长，所以喜马拉雅 FM 儿童频道不能只以满足市场需求为目标，它必须承担其应有的社会责任——对儿童进行价值观的引导，确保平台上线的儿童类节目三观正确，内容积极正向，坚决避免低俗、色情、暴力等违法违规内容侵害儿童。

但目前因为平台内容众多，编辑人员有限，一些"举报"按钮的设置不足以起到把关的作用，因此就需要平台对其运营机制做出改变，比如借鉴论坛管理、社交网络平台管理的模式，在每一个节目板块设置专门的管理节目内容的版主，给予版主评价节目质量的权限，从而通过这种良性竞争的方式，提升节目内容的质量。

五、结语

儿童正在成为家庭消费的核心，儿童内容产业市场规模增长空间巨大。喜马拉雅作为早期的布局者，经过几年的发展已经逐渐形成完整的生态，其儿童频道的发展策略，内容产品和业务的形态值得去探究。未来，儿童内容产业的入局者将实现线上线下联动，基于丰富、高品质的内容矩阵，加速释放儿童内容影响力与技术融合价值，进一步拓展儿童产业商业想象空间。

参考文献：

[1] 艾媒新经济产业研究中心 . 2020 年中国知识付费行业运行发展及用户行为调研分析报告 [R]. 艾媒咨询，2020-02-14.

[2] 兰德尔·柯林斯 . 互动仪式链 [M]. 北京：商务印书馆，2009：108.

[3] 克里斯·安德森 . 长尾理论 [M]. 北京：中信出版社，2015：85.

[4] 纪元 . 有声读物对儿童成长的积极影响 [J]. 求知导刊，2015（8）：58.

[5] 刘阳 . 广播类 App 传播策略探究——以喜马拉雅为例 [D]. 西北大学，2015.

西方媒体发展短视频新闻的实践经验探析

秦康宁

（北京印刷学院 北京 102600）

【摘要】本文力求客观全面研究分析西方媒体在短视频新闻上的发展实践经验，本文论述的主体部分从四个方面展开：第一，短视频新闻发展特点简介；第二，西方短视频新闻的发展动力；第三，西方短视频新闻的发展实践；第四，反思与建议。本文的重点是论述西方短视频新闻的发展实践，包括五点：第一，多元化内容；第二，专业化视频生产团队；第三，联合社交媒体；第四，利用大数据技术精准定位；第五，树立媒体品牌特点。以此为文章核心内容，观察总结西方短视频新闻的实践经验。

【关键词】西方媒体；短视频新闻；数字技术

一、短视频新闻

以短视频进行新闻报道，始于美国，2012 年美国赫芬顿邮报联合创始人肯尼斯·莱尔创立了 Now This News 短视频新闻客户端，来进行专业的短视频新闻生产，此后，BBC、CNN、路透社等媒体也相应开始短视频新闻生产。

短视频新闻因其在内容篇幅上短小精悍，所以在吸引用户注意力和获取流量方面具有很大优势，其传播特点如下：一是传播内容、渠道及受众的年轻化；二是借助社交媒体流量，具有社交化特征，相对于传统新闻而言，短视频新闻联合社交媒体裂变传播，具有较强的社交属性，受众可以对新闻点赞、留言，还可以与其他用户进行互动。

二、西方短视频新闻的发展动力

全球范围内互联网、移动端设备的出现和普及，让全球媒体皆受到了强烈冲击。为了应时这种冲击，全球新闻业开展了一个紧要课题，即如何进行新闻创新以适应新的媒介生态，而西方一些纸媒给出的答案之一是短视频。从传统意义上来看，短视频新闻并非传统报业的特长，但在媒介技术冲击下，传统报业也必须发展转型。

从短视频发展过程来看，其发展动力有以下两点。

其一是信息技术的快速更新换代，加上互联网平台与人工智能技术的发展，这些都使得短视频新闻的发展拥有了技术加持。由此媒体行业进入了短视频表达新闻的时代，大量受众已经逐渐开始蜂拥至移动端浏览视频、阅读视频信息，他们的阅读习惯发生了新的变化，已经不再满足于传统图文式新闻报道。阅读习惯发生改变后，受众普遍更喜欢影像、声音带来的直观感受和视觉冲击，仿佛自己能在第一时间了解新闻现场事态，并且受众也更加期待视频新闻能提供多视角、全方位的新闻现场，以保证自己能跟随媒体镜头实时跟踪新闻动态，受众这样充满好奇的情绪心态给传统媒体带来了巨大的挑战，也为媒体带来了新的发展机遇。

其二是用户对移动端的需求变化。这种变化首先体现在用户注意力时间的变化，Social bakers 公司曾对脸书上的视频阅读情况做过调查，调查情况显示：视频阅读率排名前四分之一的视频长度不超过 21 秒，五分之一的用户在浏览 10 秒左右的视频后就会离开网页，有近五分之二的用户会停留在网页观看 30 秒视频，有近二分之一的用户会观看 1 分钟左右的视频。从以上数据可以看出用户的阅读时间是很短暂的，这也就要求新闻必须篇幅短小、主题明确，并且要让用户快速抓取核心内涵。这种变化还体现在受众的注意力转移到了移动端，根据尼尔森 2013 年报告，18 岁以下的青少年平均每周观看 36 分钟的移动视频，观看 21 分钟的网络视频，18~24 岁的青年平均每周观看移动视频 33 分钟，观看网络视频 1 小时 21 分钟。可以预见，视频新闻将成为未来移动端新闻产品的主流。

三、西方短视频新闻的发展实践

（一）内容：生产多元化短视频新闻内容

西方媒体的视频内容主要包括：原创突发新闻视频、原创特写类视频、加工剪辑类视频、泛娱乐类商业视频和网络直播。

国外媒体的视频新闻生产思维方式在"视频内容多元化，贴近受众需求"

这一原则指引下发生改变，这种改变在突发新闻类视频中尤为显现。最初，新闻媒体在生产视频新闻时，通常会把工作重点放在内容制作上，强调生产流程的时效性，但实际上，这种现场消息式视频的播出效果并不好。一是因为在网络上同质化的视频内容泛滥，现场记者、报纸网站的视频团队，甚至用户自媒体，都在现场或幕后做相同的事；二是很难形成优质且持续的内容输出，无法体现出自己的特点和价值观。

在内容数量上，甘尼特集团基本每月生产超过 4000 则视频新闻，《今日美国》也在强调做大、做精视频内容，以保证每日生产的视频数量足以形成信息内容流，同时特别强调视频新闻的策划性，尤其是特写类新闻报道，以及能够带来病毒式传播的聚合类和泛娱乐类的社会热点话题。

这也就说明了西方媒体的视频内容生产不是一蹴而就的，是一个不断调整优化的过程。目前的发展方向就是视频内容越来越短小精练并且强调故事性。

除了视频新闻生产外，各家媒体也非常重视网络直播创新。直播是多方实现实时交互性最好的方式，它可以实时发出新鲜的新闻动态，也可以让用户更快地获得资讯，同时能享受到参与感。例如，《华盛顿邮报》在其总部和分社都建立了直播录制室；《今日美国》总部堪称一个"中央厨房"中心，其总部就是一个开放式的直播间，在直播间有 3 个摄影机位会随时保持着工作待机状态；而《纽约时报》在一次新闻报道中，他们利用现场直播的形式报道了一场国会讨论，此次新闻直播吸引了 1400 万人观看。

（二）人员：组织专业的视频生产团队

在网络时代中，没有一支专业视频制作团队的纸媒是无法与新媒体机构平台同台竞争的，虽然纸媒的新闻内容生产专业能力毋庸置疑，但是要让已经习惯于从事传统图文报道的记者编辑转型制作视频新闻，这就需要工作人员从生产观念到专业生产技能全方位的改变。

为做好自身转型并做好短视频新闻，《华盛顿邮报》压缩了新闻报道中图文篇幅并减少传统式摄影记者规模，同时大幅增加制作视频新闻人员数量并完善技术设备。

《纽约时报》目前内部的视频部门员工量超过 100 人，主要生产制作短视频和直播两大块内容，并在网站上建立了 Times Video 这个一级频道。资料显示，为了推进视频内容的传播，《纽约时报》早在 2013 年就取消了网站的视频节目付费墙，用户可以免费观看新闻内容。2014 年，《纽约时报》的新闻编辑室裁员 100 多人，它的视频团队却增加了约 60 名职员。

另外《今日美国》在短视频新闻创新发展上，已经拥有了超过 150 人的专业视频生产制作队伍，其中约 50 人专门负责核心报刊《今日美国》的视频内容生产业务。

（三）渠道：联合社交媒体吸引流量

与我国媒体结构属性不同的是，有些国家没有新浪和今日头条等这种综合资讯类的媒体平台。所以，媒体采取的是借助自己的原创性新闻内容来吸附大量用户关注自家网站或移动客户端，尤其是网站。如《纽约时报》，它的网站独立访问量超过了 9000 万，其中仅付费用户就达到了 220 万。在社交媒体的冲击下，即便拥有这样的访问量，它依然认识到了内容裂变传播的重要性，特别是在短视频新闻方面。因此《纽约时报》除了在自己网站上播放视频新闻，还会在各大社交媒体上开设官方账号，借助于各家社交媒体的用户流量关注度，如播客、脸书、YouTube 等。

同时《华盛顿邮报》不仅在热门社交媒体上建立官方账号，发布原创短视频新闻内容，还联合专业的社交媒体内容开发制作团队，结合自身媒体平台特点属性去打造风格一致的短视频新闻内容。

另外《今日美国》同样也在各种类型的社交媒体上注册了官方账号，同时还格外要求自家的记者都要注册个人账号，在平台上发布视频内容以发掘、吸引新的用户。

（四）技术：利用大数据技术，精准了解用户

智能技术和移动技术的迅猛发展，使智能手机用户量直线上升，因此手机移动端发展成了大众每日获取新闻的第一渠道。用户一改过去被动"输入"信息的习惯，形成了多元价值取向，现在每位用户对新闻都有不同口味。如何正确使用大数据来精准描写用户画像，是短视频新闻的重要发展方向之一。

英国《卫报》会使用大数据来精准统计用户浏览习惯，以此为基础分析出每位用户的阅读习惯爱好，有数据显示《卫报》有超过 1200 万的固定核心用户，其中近 2/3 用户是已婚状态，这部分用户的社会地位较高、知识水

平较高、拥有较高的媒介素养。《卫报》结合大数据对自己的核心用户进行了全方位了解，以此来生产能足够吸引他们的新闻产品和内容。

BBC 在使用大数据时，采取的是持续分析了某记者团队三个月的所有新闻文章，以这些新闻内容来分析用户口味。根据大量数据分析显示，一篇文章一般要满足受众的六种需求：一是更新事件的最新进展；二是提供解释事件的独特视角；三是深入的事件背景知识；四是有娱乐性；五是有启发性；六是其他人对事件的看法。

（五）媒体：树立媒体品牌特点

国外知名的视频社交网站 Buzzfeed 将自身平台中的短视频新闻定位为"以通俗幽默和趣味性内容作为自身品牌的内容特色"。据密苏里大学新闻学院章于炎博士介绍，Buzzfeed 认为，幽默的内容具有容易被传播的天性，"试问，当你在互联网上看到幽默的内容时，会不会想要分享给别人呢？"

《今日美国》在树立品牌形象时，重在强调短视频新闻的独家策划性内容，并将整个视频团队成员的 1/3 力量用来配置于独家策划的短视频新闻内容生产。他们要求这个团队"有技术、有视觉和情感的表现力和有叙述能力"，另外还授予这个团队可调配整个甘尼特集团的任何资源的特殊权利。他们认为，在品牌建设上要做到独特性，就要达到"《今日美国》的短视频新闻内容拥有持续一贯的高质量，读者一看就知道是《今日美国》生产的新闻内容"这样的效果，品牌内容独特性非常重要，要让观众觉得《今日美国》能提供最好的短视频新闻内容。

四、反思与建议

（一）开发深度内容，提升新闻价值

纵观短视频领域，在内容上重娱乐轻深度，内容专业且具有深度的短视频新闻短缺。短视频新闻应以内容为发展创新核心，依然要注重对新闻的解读和对内容的深度报道。一方面，媒体技术不断迭代更新，这为内容生产提供了持续的便利，也拓展了更多领域可能性；另一方面，新技术改变了受众的传统阅读方式，却也更加呼唤短视频新闻内容的专业性。

新媒体时代，人人拥有麦克风，人人都是传播者，时效性已经不是媒体抢夺的重点，而未来短视频新闻的竞争力也不在于各家媒体第一时间对新闻事件进行报道，而在于新闻事件发生后，媒体是否能够快速集中抓住新闻点，并发出一个或一系列完整、有深度的短视频新闻报道。当前，新媒体平台上的新闻事件碎片化的短视频新闻很多，但能在第一时间真正去分析事件背景、指出事件重点、梳理事件脉络、发出客观声音的短视频新闻媒体却屈指可数。所以媒体尤其是传统媒体应该充分利用自己的专业性，体现对新闻事件的深度解读、分析、扩展的专业能力，这样才能凸显出短视频新闻的威信，提升用户对短视频新闻的信任度，并引领短视频新闻朝着专业、深度的方向发展。

（二）盈利模式仍不成熟

传统视频的广告模式包括植入广告、贴片广告等，但目前发展的短视频新闻本身内容时长有限，但广告的移动化小屏传播特点和用户对体验感的精准要求使得短视频新闻无法承载贴片广告，并且在十分有限的视频篇幅中插入贴片广告，会极大地影响新闻产品的效果和用户的观感，甚至可能造成用户的流失。

抓取用户注意力一直是广告的关键诉求，短视频新闻"碎片化""移动化"的特色其实恰好适合在短时间内迅速吸引用户的注意力，但是如何将这种注意力转化为成功可行的盈利模式，这是众多媒体发展可持续性短视频新闻不得不思考的现实问题之一。

那么，媒体发展短视频新闻时就要迎合时代背景，譬如在大数据技术愈加成熟之时，短视频新闻的盈利模式可以尝试场景营销，即利用社群经济，为用户构建出特定的消费场景，以达到最精准的营销效果。对于短视频新闻而言，其用户的地理属性、兴趣标签等数据都是企业进行精准化场景营销的必需，企业还可以从数据中分析潜在消费者，然后对其进行精准营销。另外也可以尝试通过内容场景营销，即把短视频新闻内容与企业广告主的诉求相结合，通过构建内容场景间接宣传企业品牌，实现盈利变现。

（三）注入情感元素，引发用户情感共鸣

短视频新闻之所以能成为当下媒体转型升级的选择之一，是由于在媒体大环境的发展下，用户在新闻环境中的身份地位发生转变，每个人都可以是新闻的参与者和发布者，短视频新闻可以全方位提升用户体验感，这种体验感的提升不仅要在技术层面实现，还要从用户情感心理和用户利益层面入手。

短视频新闻碎片化、快餐化的特点增加了固定用户量的难度，观察那些传播范围广影响力深的短视频新闻不难发现，这些作品在一定程度上抓住了用户的情感需求，引发用户情感共鸣，这正是媒体在短视频新闻发展上需要重视的一点。

随着用户地位的提高和 UGC 新闻的增加，抢夺新闻时效性已经成为过去时，在保证新闻客观真实的基础上抓住用户情感痛点，引起情感共鸣才是新闻媒体最大的优势。其能够发挥媒体的导向作用，引导舆论。这就要求媒体做到生产制作与社会公众切身利益或与公共利益相关的新闻，只有做到覆盖最广大人民的切身利益，短视频新闻作品才能影响范围大，引起用户情感共鸣。

（四）重视维护用户个人权益

在使用大数据技术定位用户画像时，应合理利用用户信息，在理解和尊重用户、切实保障用户利益的基础上抓取数据，减少对不相关用户的干扰，提供更加人性化的用户服务。另外媒体还应当增强法律意识，重视保护用户个人隐私，做到明确界定用户信息数据使用范围，合理、合法、正当地使用数据，与用户建立良性的信任关系，尊重用户的隐私权和知情权。

五、结论

一种新颖的新闻作品形式的广泛普及是媒体内部调整接受的过程，也是用户习惯改变培养的过程，更是媒体融合升级、逐渐消融边界隔阂的过程。西方媒体在短视频新闻业务上的实践发展也是如此，其诸多实践经验不论是对自身发展还是对其他媒体的发展都有借鉴之处。

参考文献：

[1] 郑夏楠.新媒体环境下纸媒短视频新闻转型研究 [J].采写编，2020（2）：35-36.

[2] 郜书锴.视频新闻：数字报业竞争的新趋向 [J].新闻记者，2009（1）：81-84.

[3] 王贺新，曹思宁．网络视频新闻创新的美国经验——以纽约时报、华盛顿邮报的视频化改造为例 [J]．青年记者，2016（34）：19-21.

[4] 戴璐．美国主流纸媒的视频化战略与实践 [J]．传媒评论，2017（11）：68-70.

[5] 钱祎．数据分析如何让新闻更"精准"——英国媒体数字化发展的经验和启示 [J]．传媒评论，2020（2）：72-74.

[6] 郭子祎，藏新恒．国际数字化新闻传播领域新兴力量发展道路探析 [J]．新闻知识，2019（6）：24-27.

[7] 郭小川．论纸媒视频化的挑战和路径 [J]．记者摇篮，2019（8）：8-9.

[8] 刘秀梅，朱清．新闻短视频内容生产的融合困境与突围之路 [J]．现代传播（中国传媒大学学报），2020，42（2）：7-12.

[9] 李杏．主流媒体短视频新闻发展策略研究 [D]．湖南大学，2018.

[10] 张雪冰．短视频新闻报道的伦理困境及弥合机制 [J]．记者摇篮，2018（7）：109-110.

新冠肺炎疫情下出版社数字化转型策略及趋势分析

——以人民卫生出版社为例

王海歌

（北京印刷学院　北京　102600）

【摘要】2020年年初，突如其来的疫情让许多行业陷入发展的停滞期。国内一些出版社在国家政策的引导下，积极利用自身优势与资源策划出版与突发公共卫生事件相关的出版物。在这次疫情的防控中，我们可以明显感受到数字化带来的优势，一些出版单位在策划、生产、发布等环节迅速反应并出版了一批质量高、公益性强的数字产品，进一步体现了融合发展为出版社带来的机遇。以人民卫生出版社为例，其在医药卫生领域的专业性在此次疫情中更加体现出了深度融合发展的优势，本文将分析其在此次疫情中的表现，并对其今后的发展提出相应策略，以期对其他专业出版单位提供一些启示。

【关键词】新冠肺炎疫情；人民卫生出版社；数字化转型

一、新冠肺炎疫情对我国出版业数字化进程的影响

2019年，国家新闻出版署实施了数字出版精品遴选推荐计划。入围项目从全国375家出版、文化企事业单位申报的517个项目中遴选产生，经严格评审，95个品类丰富、内容优质、双效俱佳的数字出版精品项目应运而生，体现了出版单位积极适应全媒体时代群众阅读需求，主动转型拓展新业务取得的丰硕成果。

根据华闻传媒产业创新研究院自2020年1月20日至2月29日19：00

的监测结果，68家数字出版精品项目单位推出了414项抗疫行动，包括但不限于卫生健康类出版物及其电子书、抗疫科普电子出版物及有声数字阅读、卫生防疫及心理疏导在线服务、数据库产品、在线课堂及各类公益活动等。数字出版精品项目单位加快了对数字出版等新兴业务的布局，加快了对新技术、新形态、新模式的探索，在某种程度上会起到"加速器"作用，为行业提供了精品示范。

在此次新冠肺炎疫情中，各出版单位的出版计划及出版项目体现了数字化转型升级、融合发展的优势和价值，数字出版精品项目单位在此次抗疫期间的各项产品和服务，结构合理、品类健全，发挥了数字化、网络化、互动化的策划、生产和服务能力，彰显出版价值。数字出版业从业者应严格贯彻"技术丰富表现""技术更新业态""技术促进融合"的方针，利用数据挖掘、云计算、人工智能等先进技术，逐步拓宽数字出版内容阅读的服务形态、产品形态及生产模式，形成"智能终端随人走，数字信息围人转"的传播态势。

同时，数字化内容生产垂直化、精品化趋势明显。疫情发生后，相关出版单位以受众需要为中心，针对当前的形势快速做出反应，出版了一批内容优质、贴合受众需求的精品出版物。推出的数字化出版物呈现出"数字资源多样化，开放形式公益化"的特点。在内容资源上，除了线上电子教材、免费科普读物的纸质版和电子版，还开放了多种在线平台共享免费教育资源。这些做法对于社会稳定、人民团结起到了良好的助推作用，引导人们科学防护、了解疫情相关知识。在推进受众服务的同时，拓宽出版渠道，凸显出了出版单位的责任与担当，进一步推动了出版业融合向纵深发展。

数字出版精品项目单位引领了创新内容表达方式和服务方式，在新媒体环境和阅读消费结构升级的大背景下主动适应用户多样化、个性化、分众化的消费需求，适应移动化、知识化、碎片化、音视频化的信息传播趋势，在产品和服务的内容表达、呈现方式、服务模式等方面技术赋能，大胆创新。

可以说，疫情也让数字文化需求大大增加，电子书、有声读物、网络文学、知识服务等新兴出版形态的需求大大增加。数字出版作为一种新兴出版形态，不仅对出版本身，而且对人类社会生活，尤其是对人类的知识传播、信息交流、阅读行为和阅读文化产生了深刻影响。

二、疫情防控中人民卫生出版社的表现

（一）疫情期间出版政策

1.跨界融合

在疫情防控期间，人民卫生出版社进行中国医学教育慕课联盟及平台建设、人民卫生出版社开放大学、国家级医学数字教材建设、人民卫生出版社融合出版建设等融合发展。利用自身优势，将医疗信息资源搭建多样化的平台形成全方位、多角度的融合发展。

人民卫生出版社坚持纸质图书与电子书同步出版，截至2月25日，已出版8种电子书，约1500家媒体、网站、平台对人卫版出版物进行全文转载或报道，总阅读量达2000余万次。

在"封城""隔离"的情况下，线上办公、网上学习、空中课堂成为必然。人民卫生出版社积极主动挖掘资源，开放知识平台，线上免费开放科技读物（包括知识平台、电子读物、电子教材、视频等），助力线上网上的科学研究、生产调度、办公、学习。

人民卫生出版社教材电子版已上线496种，仅2月17日至26日10天时间，累计访问97.96万人次，累计点击量7873.8万次；173门人卫慕课累计访问68.67万人次。

同时，在宣传方面，人民卫生出版社也积极实行跨界合作多渠道转发的形式。《新型冠状病毒感染的肺炎公众防护指南》和《新型冠状病毒感染的肺炎公众心理自助与疏导指南》纸质版与电子版同步出版后，在新华社通稿和国家卫健委官网和官微的权威发布下，人民卫生出版社官网、学习强国平台、各新媒体平台及相关平台广泛传播。据不完全统计，截至2月14日，已有1323家媒体、网站、平台对《新型冠状病毒感染的肺炎公众防护指南》进行转载或报道，其中包括微信平台1120个公众号；App19个；网站184个。新华视点微博浏览量超过100万，健康中国、中国疾控动态、人卫官微"人卫健康"、人卫慕课等微信平台阅读量均已达到10万以上。电子书多平台上线，人民卫生出版社电子书公众微信号原文阅读量66余万，转载阅读量

预计超过 2000 万。此外，共 485 家媒体、网站、平台对《新型冠状病毒感染的肺炎公众心理自助与疏导指南》进行转载或报道，人民卫生出版社电子书公众微信号原文阅读量 34 余万，转载阅读量预计超过 500 万。

2. 技术创新

人民卫生出版社整合数字化平台和教学资源，在医学教育、医学学术、医学考试、大众科普数字出版领域及数字版权保护等方面积极探索尝试新技术的应用和突破。如在"人卫临床助手"App 中建设"智能诊疗"系统，在"人卫用药助手"App 中建设"智能问药"系统；在医学考试辅导系统、中国医学教育题库等项目中，积极应用人工智能机器学习、自然语言处理等技术，服务提升教学质量。

除此之外，在与新兴技术的紧密结合下，人民卫生出版社还进行了人卫医学 AR、VR、MR、3D 数字出版研发、健康 AI 研发（人卫智医助理、智能问药等），利用 5G、万物互联、区块链创新技术（数字版权全生命周期服务体系）进一步扩大其涉及的领域。

在实施国家大数据战略加快数字中国建设，应用大数据促进和改善民生，实施国家健康医疗大数据战略，促进健康中国建设的背景下，人民卫生出版社提出了在原来传统媒体和新媒体融合发展的基础上，以"互联网 + 医学文化"为载体，以"互联网 + 医学教育"为渠道，以"互联网 + 卫生健康"为目标，最后实现"互联网 + 人卫出版"融合发展的格局。

3. 用户服务

为了满足疫情期间广大用户的图书资源及相关知识服务需求，人民卫生出版社在落实《教育部应对新型冠状病毒感染肺炎疫情工作领导小组办公室关于在疫情防控期间做好普通高等学校在线教学组织与管理工作的指导意见》的同时，制定并实施《人卫慕课 2020 年春季开课方案》，173 门课程开课。启动人民卫生出版社教材的系统建设工作，第一批约 280 种医学教材已于 2 月 16 日上线。

"人卫健康"微信公众号自 2020 年 1 月 21 起至统计时，围绕新型冠状病毒肺炎情相关防控知识和相关政策，共发布 42 篇文章。截至 2 月 14 日时，"人卫健康"微信公众号共计 150 万阅读量，精选社原创内容发布于"今日头条"平台的"人卫健康·头条号"和搜狐平台上的"人卫健康·头条号"

两大子平台，累计 8 万多阅读量。"人卫健康微信公众号""人卫健康·头条号""人卫健康·搜狐号"共计 111 万阅读量。

人卫慕课、人卫药学、人卫约健康、人卫预防、人卫助手等 19 个微信公众号矩阵相继推送《新型冠状病毒感染的肺炎公众防护指南》《新型冠状病毒感染的肺炎公众心理自助与疏导指南》；人卫电子书、人卫中医等公众号相继推送《中西医结合防控手册》连载内容。人卫健康、人卫电子书、人卫约健康、人卫中医等公众号相继推送"坚决打赢疫情防护防控阻击战"系列科普视频。

（二）疫情期间出版计划

在国家卫生健康委员会疾病预防控制局指导下，人民卫生出版社与中国疾病预防控制中心合作，于 1 月 30 日推出了《新型冠状病毒感染的肺炎公众防护指南》图书、电子书、网络版读物。以此书为引领，紧紧抓住新冠肺炎防控和诊疗的时效性、权威性和科学性，团结并紧密依靠一线抗疫专家，汇聚一线临战经验和临床实践。截至 2 月 20 日，人民卫生出版社共策划了30 余个选题，覆盖科普、学术、国际选题、医学人文四个领域。如表 1 所示，人民卫生出版社目前已出版《新型冠状病毒感染的肺炎公众防护指南》《新型冠状病毒感染的肺炎公众心理自助与疏导指南》等 5 种纸电同步出版物，授权出版藏文版、朝鲜文版、汉维对照版、汉哈对照版 4 种民族文字出版物。出版社邀请钟南山、李兰娟、王辰等院士，武汉雷神山医院院长王行环教授等战斗在武汉抗疫第一线的院士专家担任主审和主编，布局新冠肺炎防治的系列学术专著、实用手册和培训教材。

为了满足全国各地的抗疫需求，人民卫生出版社免费提供可印制的 PDF版本。截至 2 月 18 日，《新型冠状病毒感染的肺炎公众防护指南》一书由人民卫生出版社自行印制 4 万册，全部发往武汉；其他社共印制 31 余万册，总计 35 余万册；《新型冠状病毒感染的肺炎公众心理自助与疏导指南》一书，人民卫生出版社印制 6.5 万册、湖北人民出版社印制 6 万册，全部用于湖北抗疫一线；4 种民族文字出版物共印制 5 万余册向少数民族同胞免费赠阅。

同时，人民卫生出版社向社会免费共享 EOMO 学术专著电子书版本；免费开放学习平台 2 个，免费开放教材、慕课、学术专著等网上读物 681 种，其中教材 400 余种，慕课 173 种，考试辅导课程 2000 余小时，视频 18 个。人民卫生出版社坚持纸质图书与电子书同步出版，截至 2 月 25 日，已出版 8 种电子书，其出版物被约 1500 家媒体、网站、平台进行了全文转载或报道，总阅读量达 2000 余万次。

表 1　人民卫生出版社抗疫行动事项

类别	抗疫行动事项
专业出版	推出《新型冠状病毒感染的肺炎公众防护指南》融媒体图书、电子书、网络版读物
专业出版	权威发布《新型冠状病毒感染的肺炎公众心理自助与疏导指南》全文
专业出版	正式出版《新型冠状病毒肺炎健康教育手册》
专业出版	推出抗疫新书《新冠肺炎相关精神症状的药物处置（专家建议）》
专业出版	发布《学习网课时如何科学用眼防控近视》电子版
专业出版	推出图书《学习网课时如何科学用眼防控近视》
科普大众出版	【电子书节选】因其他疾病如何做好防护？
科普知识	【新型冠状病毒科普知识】
科普知识	【新型冠状病毒科普知识】
科普知识	【新型冠状病毒科普知识】
科普知识	【新型冠状病毒科普知识】
科普知识	【新型冠状病毒科普知识】
科普知识	【原创科普】在家上网课切勿长时间紧盯电子产品,蓝光伤眼不可逆!
科普知识	【原创科普】只有外出才能锻炼？
科普知识	【原创科普】疫情期间自我防护时,吃哪些果蔬最好？
开放资源及云课堂	人民卫生出版社开通数字产品辅助教学绿色通道
开放资源及云课堂	人民卫生出版社教材电子版上线，免费在线学习

三、疫情下人民卫生出版社数字出版发行出现的问题

（一）内部数字资源分布不均衡

疫情期间，人民卫生出版社响应国家政策积极推出了免费的线上电子教材和配套学习资源，以其发布的电子教材资源为例：本科生开放 30 本在线教材；高等教育 10 本；中等职业教育 3 本；高等学历继续教育 4 本；研究生教育 2 本。由此可见，人民卫生出版社发布的资源大部分倾向于基础教育方面，像研究生教育等高层次教育方面的资源倾斜不足。

同时根据各大高校发布的网络免费学术资源汇总来看，人民卫生出版社的资源大部分集中于 PC 端"人卫教材免费在线学习"。北京大学出版社、上海交通大学出版社等出版社除了 PC 端资源之外，也将学习资源放在微信公众平台及手机 App 上，方便大众下载，提升阅读体验。

（二）尚未建立统一的版权管理体系

疫情形势下，在线教育更加火爆。人民卫生出版社的慕课平台推出的网课教学视频中的教材、PPT、音乐等关于合理使用范围的法律问题也凸显出来；免费提供可印制的 PDF 版本"供读者免费阅读的电子书（包括防疫指导手册）"，如果被电子阅读类 App 转发，尽管可能被认定为"出版社默认许可"，但是一系列的版权问题理应引起出版社的重视。

免费传播绝不等于合理使用，因为疫情并没有改变相关文章可通过互联网获得的事实。对于社内提供给开放的 App 平台的免费电子教材资源和知识服务资源，目前来看人民卫生出版社在部分教材的使用上只采取了激活码和密码设置的方式，对于线上资源的版权问题还未出台相关的政策。

四、人民卫生出版社数字化发展趋势分析

（一）加强智库建设，优化行业标准体系

智库建设是一个行业和一个单位创新发展、取得成功的坚实基础和重要平台。人民卫生出版社一直积极贯彻落实党中央的指示精神，创建"人卫智库"。在智库创建的过程中注重智库系统性、整体性、协同性，重视新型智

库的组织形式。新冠肺炎疫情防控期间,智库的优势得以发挥,所以应加强智库建设,优化企业科研创新工作机制加强客观管理工作,进一步引领出版行业加强智库建设,完善行业标准体系。

人民卫生出版社紧跟世界医学和现代科技发展前沿,尝试运用富媒体、互联网、云技术、大数据等新技术手段,创新文化生产和传播方式,创造性培育文化业态。人民卫生出版社依靠前沿技术手段和在医药卫生领域全方位、多角度的深耕资源,紧密围绕教育改革与人才培养需求,集海内外和医药卫生、出版、互联网、多媒体等多行业的智力资源,通过实施数字化战略,在医学教育传统出版和新兴出版融合发展创新方面实现了新的跨越,为其他出版社的智库建设提供了值得借鉴的宝贵经验。

(二)利用"微模式",培养全方位专业数字化编辑人才

根据此次疫情期间人民卫生出版社策划编辑出版的图书类型及种类来看,线上图书出版与策划已经成为主流。所以,目前出版社不仅仅需要掌握新技术的"数字化"编辑人才,更需要医学相关专业性强、实操能力优秀的全方位编辑出版人才。人民卫生出版采用碎片化的"微培训"和"微学习"模式,实现对新编辑团队的培养,开通微信订阅号"人卫培训",解读新媒体发展政策方针、关注新编辑能力需求,以岗位能力培养为核心,精心制作"微培训",每周两次向全体编辑推送。

因此,人民卫生出版社需要加强编辑资源融合,建立部门间编辑协同工作机制,培养互联网思维、资源整合和应用能力,以项目融合锻炼团队,培养项目管理创新能力、富媒体创作加工能力,打造出符合媒体融合时期新要求的新型编辑队伍、实现编辑资源的整体融合发展。

另外,编辑需要加强多方面的合作沟通。推动医学领域的专家从文字编著向富媒体编著、伏案编著向在线创作发展的转化;建立由医学专家、数字专家、教育专家和技术专家融合共建创作团队;通过创客形式推动作者、编辑、读者间的团队融合、思维融合、出版融合。

(三)跨界共生,创新全产业链融合发展

内容生产和管理的数字化以出版流程再造、内容管理、版权管理、内容复用、精细化管理为主要建设内容,是全面整合出版资源、多向发布数字产

品的基础工作。传统媒体转型升级融合发展，不再局限于原有体系内的重组再造，一些着眼于新生态建设的跨界合作开始出现，媒体与本地政务、媒体与金融机构、媒体与互联网公司的深度合作模式不断涌现出来。

对于自建有数字化平台的出版社而言，出版产业链主要是以出版环节为基础开展的具有价值关系的上下游企业共同组建的出版企业联盟。这条产业链在出版社内可以实现一个完整的闭环，即数字内容的策划、编辑、加工、上线、销售，全部在出版社内部完成。这就让掌握数字出版内容的出版社对于自己的内容具有了绝对的掌控权。

在此次疫情的突发事件中，各个拥有自建数字平台的出版社无须花时间和精力去协调产业链上各方利益，即可在第一时间快速响应，在自有平台上开展各类优惠和免费活动。

从出版流程的角度看，人民卫生出版社基本实现了编辑、印刷的数字化，进一步完善了数字化平台的功能，但是没有完全实现所有数字出版物出版全流程的数字化。人民卫生出版社在此基础上还应进一步践行"出版社＋"的模式，转变传统出版人固有的思维定式，延伸出版产业链和价值链，通过建立内容中心、用户中心、数据中心，提供精准的服务，满足用户的需求，建立完善的数据管理平台，为选题策划、编辑加工、印数确定、经营成本控制、营销策略、库存风险、产品线及板块优化等提供有效的数据信息支持，以此推动编辑向具有"互联网＋"思维的方向转型。

五、结论

综合来看，人民卫生出版社作为医疗卫生领域权威性的出版社代表，在这次突发公共卫生事件中反应迅速，制定的出版政策和出版计划都取得了良好的效果，体现出了融合发展数字化转型的优势。在健康传播领域，根据国家政策并结合人民的需求出版了一系列电子和纸质出版物，基本满足了大众医疗卫生知识普及和心理健康建设的传播需求。同时，也暴露出目前出版单位应对突发事件的短板与不足，尤其是版权管理与资源分布的问题。今后，医疗卫生领域，人民卫生出版社应发挥带头作用，利用自己的资源优势和传播优势。同时，人民卫生出版社也应与其他出版单位深度合作，在出版类型、出版技术、数字化融合转型中合作共赢。

参考文献：

[1] 中华人民共和国国家互联网信息办公室 . 国家新闻出版署关于公布数字出版精品遴选推荐计划 2019 年度入围项目名单的通知 [EB/OL]. http：//www.cac.gov.cn/2019−10/23/c_1573361817261536.htm.

[2] 刘闯 .5G 时代下数字出版的机遇以及挑战 [J]. 传媒论坛，2020，3（12）：94，96.

[3] 新华网 . 人民卫生出版社：做疫情防控坚强的出版传播后盾 [EB/OL]. http：//www.xinhuanet.com/book/2020−03/02/c_138833001.htm.[2020−03−03].

[4] 新华网 . 人民卫生出版社：做疫情防控坚强的出版传播后盾 [EB/OL]. http：//www.xinhuanet.com/book/2020−03/02/c_138833001.htm.[2020−03−03].

[5] 中国编辑协会简报 [EB/OL].http：//www.crs1992.com/BriefingView−205.aspx.[2020 年第一期].

[6] 杜贤 . 以结果导向推动出版企业智库建设探析——以人民卫生出版社为例 [J]. 出版发行研究，2016（1）：16−19.

新冠肺炎疫情期间体育媒体的传播实践与未来发展路径探析

任肖鹏

（北京印刷学院　北京　102600）

【摘要】受疫情在全球蔓延的影响，全球范围内大量体育赛事延期或者取消，甚至部分运动员感染新冠病毒，四年一届的奥运会也不得不推迟一年举办。赛事停摆引发了一系列连锁反应，以赛事为核心驱动的体育媒体作为整个体育产业价值链条的神经中枢，也都不可避免地遭遇了前所未有的挑战。疫情过后，体育媒体未来的发展模式和趋势值得关注。本文通过观察疫情期间体育媒体的困境与传播实践活动，对其未来的发展模式进行探析。

【关键词】疫情；体育媒体；传播实践

一、体育产业与体育媒体总体现状分析

（一）体育产业与体育现状

截至 2018 年年底，我国体育产业总规模达到 26579 亿元，增加值占 GDP 比重达 1.1%，从 2015 年到 2018 年年底，我国体育产业总规模年均增长 18.41%，按照这个增速，2020 年体育产业总规模将达到 37266.22 亿元。

受新冠肺炎疫情影响，全国有 100 多项体育赛事取消、暂停或延期。以赛事为核心驱动的体育新闻媒体都在纷纷寻找疫情期间的发展之路，但是没有体育赛事加持的媒体正在流失受众已经是不争的事实，根据美国知名数据分析公司 Comscore 的数据，2020 年 3 月体育网站的总观看次数同比下降 25% 以上。

与其他垂直行业相比，体育行业最大的优势是它拥有很强的吸引力和受众黏性。这种吸引力在不同的运动、不同的赛事机构、不同体育俱乐部以及运动员中都存在。体育行业的收入一般有三种：转播收入（媒体转播权的售卖）、商业收入（赞助商和广告商）和比赛日收入（门票和餐饮服务），其中大部分收入都依赖于转播收入。全球体育媒体支付的版权费用约为500亿美元，其中60%来自10个主要的体育联盟赛事，如过去9年里NBA的电视转播交易价值为240亿美元，2019赛季英超联赛与广播公司签署了一项3年120亿美元的转播合同，美国职业棒球大联盟推出了为期7年的媒体转播安排，其总价值超过50亿美元。

但是无论是体育行业的哪一项收入，其核心都是依赖于实际举办的体育赛事。媒体在其中扮演了"金主"的角色，当如今体育赛事全部按下暂停键时，核心内容供给不足的问题就一览无余。所以，在疫情期间如何设置议程吸引受众成了目前体育媒体发展的头等大事。

（二）体育媒体与体育产业的关系

体育产业和媒体有着密不可分的关系，它们因为共同的"影响力"利益走到一起，体育产业在不断壮大的过程中通过赛事举办、体育商品的售卖等为传媒提供资源，而传媒通过自身的快速性、便捷性和创新性，加上受众群体，为体育产业扩大影响。

体育媒体和体育产业是相辅相成的。体育传播，在媒体生态里是属于一个细分、深耕、"小而美"的窄播形态，具备专业化垂直化的可能性，体育媒体并不是被动地承载信息，而是传播体育信息的重要载体，扮演着"把关人"的角色，介质不是被动、机械地负载和传播信息，而是有选择性地过滤信息，这有助于体育产业的稳定发展。此外，竞技体育以其天然所具备的碰撞性、激烈性、爆发性等因素极大地满足了受众的感官刺激和眼球体验，因而无论是在传统媒体时代，还是媒介融合时代，竞技体育产业是体育新闻传播中不可或缺的一部分。体育媒体的发展随着体育产业的大环境的变化而变化，体育媒体通过信息传播较为具化地阐释体育产业的发展方向和路径，进而激发人们对体育运动的价值认同，造就人们参加运动的共同意志，直接影响体育产业发展的速度和规模。

二、体育媒体在疫情期间的传播实践活动

体育赛事的缺席使得体育机构和相关媒体从业者陷入困境，这种困境带来的这种不确定性制造了一系列疑问的同时，也会促进受众开始产生新的需求。全世界大大小小的体育媒体都在想方设法地满足受众的新需求，从而进行自救。

（一）重播体育经典赛事，设置最高推荐位

体育赛事直播是体育传播中最具吸引力的，但是没有体育赛事时观看经典赛事的回放成了球迷的最佳选择。为应对职业体育赛事和体育活动的大量取消，国内外大大小小体育媒体纷纷整合资源，挑选黄金时间档重播体育经典赛事。以腾讯体育为例，其整合旗下足球、篮球以及综合体育等频道，在每天的不同时刻分别在腾讯体育、腾讯视频、腾讯新闻等多平台同步直播不同的比赛内容。其中，上午 9 点档播放 NBA 经典赛事回放，下午 2 点档播放足球经典赛事，晚上 7 点 30 档播放 CBA 经典赛事回放。除了在时间上对该议程进行重点设置，在空间上同样给予最大重视，无论哪个平台播放经典赛事回访，其推荐位均是头图最高推荐以及重点 PUSH 推送。拥有众多头部体育资源的 PP 体育也对旗下的英超、意甲、德甲、欧冠等赛事进行重播。而国外体育媒体也同样如此，英国天空体育以重播英超、橄榄球等赛事录像为主，德国和意大利的体育媒体则对与本国足球联赛和世界杯的录像重播为主。

（二）电子竞技重视程度提升

虽然全球体育赛事全面停滞，但是电子竞技由于其不受特定环境影响的独特性仍然可以开展，电子竞技赛事在疫情期间更加吸引眼球，由于大量的观众处于居家状态，在线观看人数也较为可观。在疫情期间，腾讯体育作为 KPL、LPL 等电竞赛事版权拥有者，在比赛日期间从生态角度出发，全方位重点推荐比赛。ESPN 也通过和拳头公司达成了合作，将英雄联盟比赛首次搬上了 ESPN 的电视直播中。

除了电子竞技体育赛事，各大体育媒体还邀请球员和解说员等举办了线上对抗赛。ESPN 与 NBA 球员合作举办了 NBA2 KONLINE 线上比赛，中超联赛联合腾讯体育、PP 体育、新浪体育等媒体打造电竞 FO4 表演赛，PP 体育联手 FIFA 品类游戏推出了"我的冠军不停摆"线上足球赛，解说员与电竞高手进行线上对抗。

（三）在线健身爆发式发展

长时期以来，虽然健身也属于体育，但是受众人群的画像却不尽相同，很少有体育媒体踏足这一领域。在新型冠状病毒疫情下，人们蜗居家中，很多线上业态得到了爆发式发展，在线健身属于其中之一。

在移动互联网快速发展的背景下，在线健身渗透到了人们工作空余的碎片化时间中，近年来在线健身人数不断升高，疫情的暴发更是加速了这一趋势。根据统计数据显示，从 1 月疫情暴发以来，健身的搜索指数从 5381 上升到了 6744，这确实说明了在线健身迎来了黄金增长点。越来越多的体育媒体平台加入了在线健身的战场中，腾讯体育、虎扑体育、PP 体育、新浪体育等纷纷邀请行业内知名健身教练，在固定时间开设直播健身课，不仅留住了老用户，还可能吸引此前不关注体育赛事的用户。

（四）联动行业"意见领袖"，打造周边节目

1948 年，拉扎斯菲尔德等人首次在《人民的选择》一书中提出了"意见领袖"这一名词。社会生活中的信息大多是先从大众媒介流向意见领袖，然后再次进行传递，从意见领袖群体流向舆论场中不太活跃的受众。信息的传播方向存在"大众传媒—意见领袖——般受众"这样的通用模式。在体育领域内，意见领袖的作用尤其突出，由于体育内容具有相对的技术含量，在传播过程中意见领袖发挥着解释以及引领的作用，运动员、知名记者、评论员等都有可能成为体育领域的意见领袖。疫情期间，国内外众多体育媒体都利用意见领袖在体育领域内的独特作用，开发周边节目。例如，腾讯体育制作了《鹅鹅鹅会客厅》，邀请国家队成员、知名记者、里皮和米卢等大牌教练，PP 体育相继推出《皮皮大咖秀》《解说这碗饭》《我们有德聊》《云开放计划日》等节目，以直播的方式面对受众，充分满足了疫情期间球迷们对于优质内容的需求。

值得一提的是，美国体育媒体 ESPN 和影视公司奈飞 Netfilx 联合出品的《最后之舞》原本计划在 6 月份播出，由于疫情的原因提档至 4 月份播出，填补了播出节目的空档。《最后之舞》讲述了"篮球之神"迈克尔·乔丹与芝加哥公牛队的故事。迈克尔·乔丹亲自参与制作，公牛时期的诸多关键

人物也将出镜。10 集纪录片创造了平均吸引 560 万观众的收视奇迹，成为 ESPN 有史以来观看人数最多的一部纪录片。这和疫情下的人们在家可观看的节目不多有关，也和乔丹在世界范围内的影响力有关。

三、体育媒体发展困境分析

（一）体育赛事高额版权与用户付费习惯缺失的失衡

目前，中国的体育消费占第三产业消费总额的比重仅为 2%，远低于美国的 45% 和欧洲各国的均值 39%。这也是体育版权年年增长，体育媒体却连年亏损的原因。近年来，以 NBA、五大联赛和中超赛事为首的版权费用价格持续攀升，而长期以来，我国大部分体育内容是免费观看的状态，短期内很难做到完成让受众身份变成消费者的转变，受众眼里媒体内容并不是一种产品。体育媒体要重新思考如何变革传统相对单一的收入模式，以新的利益增长点来填补高额版权的费用。

（二）常规储备内容应对紧急情况能力差，深度挖掘不足

优质内容是体育媒体安身立命的法宝。通常情况下，由于体育赛事内容的填充，体育媒体能够满足大部分受众的需求，但是体育媒体是高度依赖体育产业生存的，一旦体育赛事出现不可预估的意外时，体育媒体如何生存和发展就成了棘手的问题。现场的体育赛事中断后，围绕赛事周边来生产的深度内容，还能做很多挖掘工作。趣味性和专业性的内容仍然是深度体育受众的需求，只有抢占用户注意力、保持源源不断的优质内容输出能力，体育媒体才能生存和发展。

（三）高度依赖体育赛事，缺乏自主 IP 打造

在疫情之前，体育媒体最大的工作是针对现场体育赛事进行转播或者围绕体育比赛生产相应的内容。体育赛事全面停摆后，体育媒体也许应该反思如何明确自己的定位以及转型发展。传统的发展模式让体育媒体在传播体育产业内容时能发挥出媒体的价值，但是高度依赖体育赛事的弊端需要进行改革，拥有自主 IP 的体育媒体在国内更是屈指可数。

四、从疫情期间体育传播实践看体育媒体未来趋势

（一）构建和完善良性内容生态平台，发展非赛事类体育新闻

虽然体育媒体在疫情期间没有体育直播节目，但是其仍然需要充足的内容提供给球迷，以避免被其他同行媒体所取代。一个良性的内容生态平台显得尤为重要。所以体育媒体在未来的发展中首先要构建完善内容生态平台，逐步构建和完善四级自媒体矩阵，包括邀请纸媒和 KOL 入驻，以及体育机构账号和优质自媒体写手，加之媒体记者和编辑共同构成内容生态平台中的内容提供者，从而保证充足的内容产出。同时追踪发展非赛事类体育新闻，提高内容的趣味性和专业性。

（二）重塑体育机构、体育媒体以及受众之间的关系

疫情给体育行业带来了巨大的冲击，也需要体育媒体在疫情过后反思自身应该处于什么样的角色。原有的以赛事为核心的运行机制应该逐步开始向以球迷为核心的运营机制转变。体育媒体以往通过体育赛事直播来吸引受众，但是这种关系本身并不牢靠。体育媒体应当从球迷角度出发不断开发新的内容，从而扩大受众并将受众"数字化"，建立受众忠诚度。利用现有数据和开发新数据，实现体育活动的个性化和参与化。在疫情过后，体育媒体也要更加理性地思考如何做好赛事和用户服务，用户价值很大程度反映媒体价值，体育媒体要根据用户行为生产内容，为不同层次的用户打造针对性的内容。

（三）建立"免费＋付费"的收费模式，变革盈利模式

过去，体育赛事被球迷吐槽最多的就是内容从免费到付费，中间几乎没有过渡阶段，使得习惯了获取免费内容的用户很难短时间内接受付费内容。体育媒体在疫情期间受到严峻挑战的同时，也应当走出舒适区，进行新的转变。通过不同时段、不同内容、不同受众背景等制定新的收费策略，将免费内容和付费内容相结合。

（四）自主内容生产和营销，提供一站式体育内容服务

在如今体育产业发展的大背景下，体育媒体的作用也更加复杂和多样。除了传统的赛事直播和内容加工外，自主生产和营销内容也需要成为体育媒

体发展的一个方向。长期以来，体育媒体只作为被动的报道者或赛事信号制作者出现在赛事中。近年来，随着体育产业的蓬勃发展和媒体环境的深刻变化，越来越多的体育媒体开始往产业链上游延伸。体育媒体需要利用疫情带来的空档期思考如何打造自有赛事IP，利用媒体服务粉丝。例如，新浪体育以强大的媒体资源矩阵为依托，打造了3×3黄金联赛、5×5足金联赛等自主赛事IP，逐渐向体育产业公司转型。除此之外，体育媒体需要转变为提供更广泛和全面的服务平台，综合性的媒体平台，建立完善互动、社区、消费等体育内容服务，增加线上互动性，增强用户黏性，媒体在实施各项应对措施以及新内容生产的过程中，应当注重内容的连续性和整体性，以维持受众对传播内容的持续关注。

五、结语

一场突如其来的新冠肺炎疫情，让整个中国体育产业的轨迹发生了巨大的变化。体育媒体在特殊的情况下没有坐以待毙，都在进行着转型的努力，用着非常规的手段和方法吸引和留存用户。疫情过后，体育产业的发展方向还未可知。同样对于体育媒体来说，疫情是一种无法躲避的困境，也是重新审视自己发展方向的机遇，只有不断创造新的流量点和消费力，并且继续生产优质内容和服务，才能在新的时期脱颖而出，获得新生。

参考文献：

[1] 王婉蓉.体育产业媒介传播研究 [J].新闻研究导刊，2019，10（13）：204-205.

[2] 袁筱华.新时代体育传播的价值 [J].中国广播电视学刊，2020（5）：113-116.

[3] 汪明竞男.媒介融合视域下体育新闻的传播与创新 [J].西部广播电视，2019（23）：55-56.

[4] 王凯.体育赛事版权引进热的冷思考与应有方略 [J].山东体育学院学报，2016，32（4）：16-20.

[5] 杨斌.立足电视特色打造体育融媒体 [J].中国广播电视学刊，2019（11）：60-62.

[6] 任捷.关于疫情期间体育媒体应对策略的思考 [J].新闻研究导刊，2020，11（10）：154-155.

健康传播视域下移动音频平台的
传播现状及影响探究

——以喜马拉雅 FM 为例

朱文举

（北京印刷学院　北京　102600）

【摘要】移动互联时代，以喜马拉雅 FM 为代表的移动音频平台依靠强大的技术支撑和音频媒介的独特优势在健康传播中展现出越来越重要的作用和价值。本文主要采用实证分析的方法，研究移动互联时代下以移动音频平台为媒介的健康传播的现状及其在健康传播中的作用和存在的问题，探讨在新形势下如何优化移动音频平台的健康传播，充分发挥移动音频的特点，为把握新时期的健康传播提供借鉴意义。

【关键词】移动音频；喜马拉雅 FM；健康传播；健康养生；影响力评价指标

移动互联时代，新媒体发展呈现垂直化、专业化、平台化趋势，以微博、微信、抖音为代表的移动互联网应用（App）影响着人们的生活方式和思维方式，正在以迅猛的势头渗透到各个领域。这其中与人们生活切实相关的"健康传播"在移动互联时代也在发生着深刻的变革，除了大型综合性门户网站的健康频道、自媒体平台和专业性的健康养生 App 以外，以喜马拉雅 FM 为代表的移动音频平台依靠强大的技术支撑和音频媒介的独特优势在健康传播中展现出越来越重要的作用和价值。

一、健康传播和移动音频平台相关概念

（一）健康传播

20 世纪 70 年代初期，健康传播成为一个独立的研究领域，美国"斯坦

福心脏病预防计划"被誉为开展健康传播研究的重要起点。美国学者埃弗雷特·罗杰斯认为健康传播是一种将医学研究成果转化为大众的健康知识，并通过态度和行为的改变，以降低疾病的患病率和死亡率、有效提高一个社区或国家生活质量和健康水准为目的的行为。本文基于对移动互联时代下移动音频平台的健康传播研究，将健康传播视为对健康信息和与之相匹配的健康服务的传播。

2003 年"非典"疫情的暴发，使传播学学者们意识到健康传播的重要意义，并开始自觉地将传播理论应用到健康传播中，我国的健康传播研究进入了一个全新的发展阶段。2020 年伊始，新型冠状病毒在全国迅速蔓延，在肺炎疫情处于肆虐的"危重"时刻的同时，健康传播作为重要命题再次引发人文社会科学界的深度反思。目前，学界还尚未专门针对移动音频平台的健康传播进行研究，因此本文具有一定的研究价值和原创性。

（二）移动音频平台

移动音频平台是以移动终端作为载体，能够提供语音收听、在线下载等服务的音频媒体。不同于传统广播，移动音频具有伴随性、无限性、主动性等特点。艾媒咨询《2019—2020 年中国在线音频研究报告》指出，2019 年在线音频市场用户规模达 4.89 亿人，预计到 2020 年，这一数值将达 5.42 亿人，中国在线音频行业将迎来"耳朵经济"蓬勃发展新时期。其中，2019 年中国在线音频用户泛娱乐类节目偏好中健康和心理类占到 23.6%。喜马拉雅 FM 作为行业头部平台，2019 年平台用户规模达 5 亿人，月活跃用户数 8800 万人，成为移动音频市场的领跑者。

二、喜马拉雅 FM 健康传播的现状分析

在喜马拉雅 FM 中关于健康传播的内容集中在"健康养生"栏目中，因此本文对喜马拉雅 FM"健康养生"栏目下所有电台节目进行了相关调查梳理，得出以下结论。

（一）专辑数量较多，类型多元化

"健康养生"栏目位于喜马拉雅 FM 的"生活"板块中，其下又包含每日精选、中医、催眠、两性健康、健康常识、营养、疾病预防、心理、艾灸、针灸、偏方、黄帝内经 12 个分类。"每日精选"是平台对所有健康养生专辑的优选推荐，其他 11 个为正式分类。截至 2020 年 2 月 7 日，11 个正式分类下，中医、催眠、两性健康、健康常识、营养、疾病预防、黄帝内经、心理 8 个分类分别有 1000 个健康养生专辑，除此之外，艾灸有 519 个专辑、针灸有 460 个专辑、偏方有 199 个专辑。这其中不同分类有重复的健康养生专辑，如中医和黄帝内经中都有"梁东徐文兵对话《黄帝内经》"专辑，同时这些健康养生专辑很多由一个电台发布，如"健康中国"旗下就有 4 个健康养生专辑，"厚朴中医学堂"下有 2 个健康养生专辑。由此可见喜马拉雅 FM 平台健康养生类专辑丰富多样，且对每个分类的专辑数量上限定为 1000 个，根据专辑内容，不同分类的专辑排列相互融合，基于算法推荐技术为平台用户提供个性化需求和体验。

（二）具有一定用户规模，传播潜力巨大

通过对喜马拉雅 FM《健康养生》栏目下 11 个分类的专辑进行调研分析，数据显示平台收听次数排行前三的专辑分别是：华大基因专业团队打造的"天方烨谈"专辑，听次数为 1.55 亿次；39 健康网的"健康养生"专辑，收听次数为 1.55 亿次；北京百草书院院长张成老师的"《黄帝内经》养生智慧"专辑，收听次数为 1.06 亿次。订阅人数排行前三的专辑分别是：厚朴中医学堂的"梁东徐文兵对话《黄帝内经》"专辑，订阅数量为 48.8 万次；唐喜明催眠导师的"深夜睡眠专业催眠曲音乐"专辑，订阅次数为 43.8 万次；婵儿姐姐的"睡前催眠"专辑，订阅次数为 27.9 万次。由此可见，喜马拉雅 FM 作为移动音频平台的健康传播有一定体量的用户规模，发展潜力巨大。

（三）起步较晚，呈现蓬勃发展态势

通过对喜马拉雅 FM "健康养生"栏目电台专辑的调研可知，2016 年涉及健康养生的专辑才开始大规模出现，以"39 健康网""罗大伦""二妹姐"为代表的电台主播是平台早期的健康传播者。而喜马拉雅 FM 移动客户端于 2013 年上线，相比较而言，平台模块化健康传播起步时间较晚。但近年来，以喜马拉雅 FM 为代表的移动音频平台依靠强大的技术支撑和音频媒介的独特优势在健康传播中展现出越来越重要的作用和价值，健康养生类专辑增长迅速，其总量已超过 9000 张，呈现出良好的发展态势。

三、移动音频平台在健康传播中的影响与作用分析

对移动音频平台的健康传播研究，除研究平台的健康传播现状之外，还应该重点探讨移动音频平台在健康传播中的具体影响和作用，这其中包括积极影响和消极影响。目前，对新媒体影响力的评价还没有一个统一的方法和指标体系。根据"媒介影响力形成理论"，有学者将媒介的影响力归纳为"接触、认知、说服和二次传播"四个环节。本文运用实证分析的方法，基于影响力评价指标对喜马拉雅 FM 的健康传播进行综合分析。

（一）研究方案

1. 移动音频影响力评价指标

（1）接触指的是博主将内容暴露给受众，引起其选择性的注意。接触环节的评价指标包括粉丝量、订阅量、阅读量等。这些指标用于衡量信息传播的广度和信息覆盖的受众范围，信息传播越广，受众接触信息的可能性越高，反之则越低。

（2）认知指的是受众接触传播内容后的理解过程。认知方面的评价指标包括信息发布频率、发布数量、原创率、内容形式等。这些指标用于评价信息质量，信息质量越高，受众的认知程度就越高，反之则越低。

（3）说服指的是说服环节的评价指标包括博主的权威性、知名度、专业性、搜索热度。这些指标用于评价信息被受众接受的情况，博主权威性越高，受众关注程度越高，那么信息的说服力就越强，反之则越弱。

（4）二次传播指的是受众被说服后，主动或被动地进行二次传播的过程。二次传播环节的评价指标包括粉丝质量、主动转发量、评论量、互动率。粉丝受教育水平越高，传播者的信息在二次传播中的影响力就越大，反之则越小。

2. 研究过程

（1）接触角度（覆盖率、规模性）。

笔者首先对喜马拉雅 FM "健康养生"栏目中收听量超过 1000 万的音频专辑进行了统计（表 1），结果显示截至 2020 年 2 月 8 日 22 点 40 分，共有 39 张专辑收听超过 1000 万。其中播放量最高的为"天方烨谈"1.55 亿、"健康养生"1.55 亿，订阅量超过 10 万的有 16 个，粉丝量超过 10 万的有 29 个。同时可以发现，音频专辑收听量、订阅量、粉丝量并不成正向关联。例如，"大伦育儿说"的主播"罗大伦"粉丝数有 84.3 万，但播放量只有 1056.6 万，

订阅量只有 10.2 万，而基因频道粉丝数 10.7 万，订阅量 7.7 万，但其专辑"天方烨谈"播放量超过 1.5 亿。由于收听量只能体现一段时间内喜马拉雅 FM 平台的健康传播情况，从某种程度上来说与专辑的创建时间具有一定关系。它不能体现平台最新的健康传播情况，以及平台上关于"健康养生"内容的口碑和热度情况。因此，笔者又对喜马拉雅 FM "健康养生"栏目的新品榜、口碑榜、热度榜前十名进行了统计。结果显示，口碑榜和热度榜和收听量统计重合度较高。从整体来看，平台健康养生类音频收听量较、订阅量、粉丝量都比较高，因此健康信息传播和受众覆盖范围较广。

（2）认知角度（时效性、原创率）。

喜马拉雅 FM "健康养生"栏目新品榜前十的数据显示（表 2），几乎所有专辑都保持每天更新的发布频率，且所有榜单中专辑的发布数量基本保持在 40~1000 集。其中，浙江科学技术出版社的"李兰娟院士——疫情防控树兰在线"专辑排名第一，播放量为 33 万。同时排名前十的专辑中都与疫情防控有关，这与当下新型冠状病毒的疫情和舆情有极为密切的关系，体现出移动音频平台健康传播较强的时效性。不同于文字的可复制性，在"健康栏目"上传音频的主播本身都参与了音频内容的创作，基本具有原创性，且大部分专辑使用了喜马拉雅 FM 平台的版权登记服务。但同时笔者还发现，以"婵儿姐姐"的"睡前催眠"为代表的热度和口碑较高的专辑，发布频率不固定且自 2019 年 9 月后已暂停更新，账号疏于管理。从整体来看，平台健康养生类音频专辑发布频率不一，发布数量较多，原创率较高。

（3）说服角度（专业性、权威性）。

在播放量超过 1000 万的 39 张专辑中（表 1），主播"蕲艾养生灸学堂"有 3 张专辑播放量超过 1000 万，但是主播资料显示其只是普通用户。可以发现喜马拉雅 FM "健康养生"栏目的主播有对健康和养生略有研究的草根用户，也有像华大基因团队、高级中医讲师、中国中医药出版社这样的专家、专业团队和平台，还有知名自媒体、网络主播、品牌创始人等意见领袖。喜马拉雅 FM "健康养生"栏目热播榜前十的数据（表 3）和口碑榜（表 4）前十的数据显示，口碑与搜索热度有关，厚朴中医学堂的"梁东徐文兵对话《黄帝内经》"由于口碑好，在口碑榜和热搜榜均列第一位。且与播放量较高的 39 张专辑不同的是，位于口碑榜和热搜榜前十位的健康养生专辑的主播均具有较强的权威性，基本是行业认证的专家学者。整体来看平台健康养生类主播具有多元性，大部分权威性和专业性比较强，受众搜索热度较高。

表1 喜马拉雅FM "健康养生" 类超过1000万播放量的专辑影响力情况

序号	主播/电台	专辑	接触			认知				说服				二次传播			
			收听量	订阅量	粉丝量	发布频率	发布数量	原创率	内容形式	权威性	专业性	搜索热度	知名度	粉丝质量	主动转发量	评论量	互动率
1	基因频道	天方烨谈	1.55亿	7.7万	10.7万	每天	1188集	100%	音频	喜马认证	华大基因专业团队	口碑榜12热播榜18	2019生活类十大实力主播	较高	—	999+	低
2	39健康网	健康养生	1.55亿	23.4万	31.7万	每天	1079集	100%	音频	喜马认证	39健康官方网账号蓝V认证	热播榜27	2019生活类十大实力主播	一般	—	342	低
3	张成老师	《黄帝内经》养生智慧	1.06亿	64.8万	74.1万	月更3—11集 2019年5月后无更新	194集	100%	音频	喜马认证	北京百草院院长	口碑榜23	2018生活类十大实力主播	一般	—	781	较低
4	蕲艾养生灸学堂	灸对有缘人为有缘人做灸	8875.6万	2.5万	14.7万	月更3—8集 2019年7月更新	554集	100%	音频	喜马认证	—	—	—	一般	—	<50	非常低
5	蕲艾养生灸学堂	黄帝内经我读给你听	5936.4万	1.7万	14.7万	月更2—7集 2019年6月后无更新	304集	100%	音频	喜马认证	—	—	—	一般	—	<50	非常低
6	唐喜明催眠师	深度睡眠专业催眠曲音乐	5424.1万	43.8万	45.8万	不固定目前还有更新	57集	100%	音频	喜马认证	国家二级心理咨询师	热播榜4口碑榜10	—	一般	—	999+	较高

序号	主播/电台	专辑	接触			认知				说服				二次传播			互动率
			收听量	订阅量	粉丝量	发布频率	发布数量	原创率	内容形式	权威性	专业性	搜索热度	知名度	粉丝质量	主动转发量	评论量	
7	厚朴中医学堂	梁东徐文兵对话《黄帝内经》	5292.6万	48.8万	50.5万	2018年3月更新全集	53集	100%	音频	喜马认证	高级中医讲师	热播榜1口碑榜4	—	一般	—	1w+	高
8	庄里巴人	打造健康的居家环境的健康生活观念远离石化日用品危害远离经皮毒	4987.7万	888	11.8万	2017年5—6月更新全集	51集	100%	音频	喜马认证	—	—	—	一般	—	<50	非常低
9	罗大伦	聊聊张锡纯医案	4648.9万	23.3万	84.3万	不固定目前还有更新	139集	100%	音频	喜马认证	CCTV《百家讲坛》中医专家	口碑榜2热播榜7	2018生活类十大实力主播	较高	—	999+	较高
10	跑步心情	跑步心情	4613.7万	16.8万	21.2万	周更	244集	100%	音频	喜马认证	—	口碑榜15	知名自媒体	一般	—	999+	较高
11	大盘精诚	养生有道	3938.5万	18.3万	31.6万	每天	1692集	100%	音频	喜马认证	—	口碑榜6热播榜12	—	一般	—	999+	较低

续表

序号	主播/电台	专辑	接触			认知				说服						二次传播			
			收听量	订阅量	粉丝量	发布频率	发布数量	原创率	内容形式	权威性	专业性	搜索热度	知名度	粉丝质量	主动转发量	评论量	互动率
12	丁香医生	健康日历第一季	3316.1万	1.4万	2.1万	每天第一季已结束	363集	100%	音频	喜马认证	新一代大众健康品牌	—	—	一般	—	102	较低
13	健康中国	健康中国趣味健康百科	2881.4万	3658	1.4万	不固定目前还有更新	45集	100%	音频	喜马认证	国家卫生健委员会官方音频节目	热播榜2	—	一般	—	157	较低
14	张娟娥s	女人健康养生平台	2735.4万	978	1.5万	不固定现已结束更新	42集	100%	音频	喜马认证	—	—	—	一般	—	10	非常低
15	张大花E7	戒为良药	2733.6万	12.4万	14.5万	不固定目前还有更新	244集	100%	音频	喜马认证	网络主播	口碑榜3 热播榜11	—	一般	—	999+	较高
16	张浩读书会	经皮毒从日用品化妆品被人们忽略的健康	2193.4万	367	444	2017年7月已结束更新	47集	100%	音频	喜马认证	—	—	—	一般	—	<50	非常低

续表

序号	主播/电台	专辑	接触			发布频率	认知			权威性	说服			粉丝质量	二次传播		互动率
			收听量	订阅量	粉丝量		发布数量	原创率	内容形式		专业性	搜索热度	知名度		主动转发量	评论量	
17	重塑心理灵性训练中心	催眠音乐 I 深度睡眠 I 静心安眠入眠	2186.6万	12.2万	70.2万	1次/2天	374集	100%	音频	喜马认证	平台签约主播	热播榜13	平台签约主播	一般	—	999+	较低
18	二妹姐	女人都爱养生	2156.1万	18万	22.5万	不固定儿平每天更新	403集	100%	音频	喜马认证	平台签约主播艾疗香创始人	口碑榜16	2018、2019生活类十大实力主播	一般	—	999+	较低
19	跑步指南	跑步指南	1880.6万	8.8万	11.7万	2015年6月—2018年6月后无更新	267集	100%	音频	无	—	—	知名自媒体	一般	—	92	较低
20	婵儿姐姐	睡前催眠（轻松人睡）	1864.7万	24万	27.9万	2019年9月后无更新	16集	100%	音频	喜马认证	Isha计方官证他哈伽老师	口碑榜7热播榜9	—	一般	—	999+	较高
21	减肥瘦身小博	健康减肥瘦身法	1820.6万	12万	15万	每天	788集	100%	音频	喜马认证	瘦身专家	口碑榜61	—	一般	—	311	较低

续表

序号	主播/电台	专辑	接触			认知						说服		二次传播			互动率
			收听量	订阅量	粉丝量	发布频率	发布数量	原创率	内容形式	权威性	专业性	搜索热度	知名度	粉丝质量	主动转发量	评论量	
22	大馨-XINXIN	大馨里拉唠养生	1809.5万	2.4万	6.8万	2016年7月—2018年1月后无更新	96集	100%	音频	喜马认证	YEEQIE一慢品牌创始人	—	—	一般	—	690	较低
23	大盘精诚	话中医	1609.8万	10.9万	31.6万	每天	1059集	100%	音频	喜马认证		口碑榜18	—	一般	—	954	较高
24	中医频道FM	养生正道	1604.9万	9.6万	19万	每天	1019集	100%	音频	喜马认证	中国中医药出版社官方电台		—	一般	—	170	较低
25	重塑心灵心理训练中心	5分钟治愈失眠（睡前催眠）	1594.9万	8.7万	70.2万	不固定目前还有更新	546集	100%	音频	喜马认证	平台签约主播	—	平台签约主播	一般	—	328	较低
26	健康新佟学	佟彤中医养生妙招	1546.2万	10.5万	11.3万	不固定目前有更新	104集	100%	音频	喜马认证	北京卫视养生堂特邀中医	热播榜5 热播榜5	—	一般	—	999+	较低
27	身体领导力	身体领导力牌电台	1529.9万	4993	6002	2019年8—10月不定期更新	10集	100%	音频	喜马认证	石家庄以岭药业股份有限公司	—	—	一般	—	734	较高

续表

序号	主播/电台	专辑	接触			认知				说服				二次传播			
			收听量	订阅量	粉丝量	发布频率	发布数量	原创率	内容形式	权威性	专业性	搜索热度	知名度	粉丝质量	主动转发量	评论量	互动率
28	蕲艾养生灸学堂	赤方蕲艾养生灸课堂	1296.9万	5704	14.7万	2015年5月—2018年9月 不定期更新	43集	100%	音频	喜马认证	—	—	—	一般	—	<50	非常低
29	大白话说中医	大白话说中医	1272.9万	8.7万	9.8万	不固定目前还有更新	181集	100%	音频	喜马认证	专家郭亚宁蓝V认证	口碑榜4 热播榜3	—	一般	—	999+	较高
30	听书铺	不衰老不疲劳的生活	1244.2万	8.4万	61.1万	2016年5月—2019年11月 不定期更新	87集	100%	音频	喜马认证	北京卫视养生堂特邀中医	口碑榜62	—	一般	—	322	较低
31	听书铺	女人暖养更年轻	1232.1万	7.3万	61.1万	2016年5月—2019年11月 不定期更新	83集	100%	音频	喜马认证	北京卫视养生堂特邀中医	口碑榜33	—	一般	—	544	较低
32	冯名雨艾灸	艾灸治病108招	1194.6万	8.2万	9万	每天	2489集	100%	音频	喜马认证	—	热播榜14	—	一般	—	503	较低
33	陈允斌	陈允斌教你24节气饮食法	1178.1万			2016年11月—2018年3月不定期更新完	311集	100%	音频	喜马认证	CCTV养生节目特邀嘉宾	口碑榜9VIP精品付费课程	—	一般	—	999+	较高

续表

序号	主播/电台	专辑	接触			认知				说服					二次传播		互动率
			收听量	订阅量	粉丝量	发布频率	发布数量	原创率	内容形式	权威性	专业性	搜索热度	知名度	粉丝质量	主动转发量	评论量	
34	中医频道FM	名医讲堂	1135.1万	8.9万	19万	每天	1058集	100%	音频	喜马认证	中国中医药出版社官方电台	热播榜75	—	一般	—	110	较低
35	漏风语独话	黄帝内经素问释读	1109.8万	10.7万	85.6万	2017年1月—2018年5月不定期更新	196集	100%	音频	喜马认证	广东湖涌艺术协会理事	口碑榜41	—	一般	—	490	较低
36	古人食	古时候FM	1087.6万	5966	13.5万	2016年1—10月不定期更新	178集	100%	音频	喜马认证	—	—	知名自媒体	一般	—	<50	非常低
37	蕲艾养生灸学堂	濒湖脉学	1063.8万	1.7万	14.7万	2015年9月—2018年8月不定期更新	45集	100%	音频	喜马认证	—	—	—	一般	—	<50	非常低
38	罗大伦	大伦育儿说	1056.6万	10.2万	84.3万	2017年1月—2019年7月不定期更新	137集	100%	音频	喜马认证	CCTV《百家讲坛》中医专家	口碑榜11 热播榜34	2018生活类十大实力主播	一般	—	999+	较高
39	黄庭禅	黄庭禅经助眠养生（站桩静坐）	1027.6万	8.1万	25.1万	2014年3月—2019年11月不定期更新	15集	100%	音频	喜马认证	蓝V认证	口碑榜8	知名自媒体	一般	—	999+	较高

表 2 喜马拉雅 FM "健康养生" 栏目新品榜前十影响力情况

序号	主播/电台	专辑	接触			认知					说服			二次传播			
			收听量	订阅量	粉丝量	发布频率	发布数量	原创率	内容形式	权威性	专业性	搜索热度	知名度	粉丝质量	主动转发量	评论量	互动率
1	浙江科学技术出版社	李兰娟院士—疫情防控兰兰在线	33万	1006	1110	每天	126集	100%	音频	喜马认证	浙江科学技术出版社有限公司	新品榜1 热播榜6	中国工程院院士独家授权	一般	—	<30	非常低
2	微医	新型肺炎科普系列	9.6万	386	1.9万	每天	54集	100%	音频	喜马认证	蓝V认证	新品榜2	—	一般	—	<10	非常低
3	朗一条	新型冠状病毒肺炎疫情防护	10.2万	804	843	每天	52集	100%	音频	喜马认证	武汉广播电视台黄V认证	新品榜3	广播电视台主持人	一般	—	<10	非常低
4	江苏省疾控中心	防控新型冠状病毒	1.6万	17	20	周更	3集	100%	音频	喜马认证	官方防控中心	新品榜4	—	一般	—	0	非常低
5	天津科学技术出版社	疫情防控科学知识	3.6万	257	320	每天	17集	100%	音频	喜马认证	天津科学技术出版社	新品榜5	—	一般	—	<10	非常低
6	喜听趣话	广播剧：丁丁和爸爸抗疫情	1.8万	77	127.8万	每天	17集	100%	音频	喜马认证	资深网络主播	新品榜6	—	一般	—	<10	非常低
7	深圳晚报	抗击新型肺炎安心手册	370万	302	6776	每天	18集	100%	音频	喜马认证	深报官方音频平台	新品榜7	—	一般	—	<20	非常低

续表

序号	主播/电台	专辑	接触			认知					说服			二次传播			
			收听量	订阅量	粉丝量	发布频率	发布数量	原创率	内容形式	权威性	专业性	搜索热度	知名度	粉丝质量	主动转发量	评论量	互动率
8	李远东	钟南山谈健康	2万	511	1694	每天	12集	100%	音频	喜马认证	—	新品榜8	—	一般	—	<10	非常低
9	焦虑症网络课程	预防武汉新型肺炎心理自救妙招	1.6万	173	5万	每天	17集	100%	音频	喜马认证	—	新品榜9	知名自媒体	一般	—	<10	非常低
10	陕西师范大学出版总社	抗疫心理指导手册	1.9万	383	467	更新2天后停更	30集	100%	音频	喜马认证	陕西师范大学出版总社	新品榜10	—	一般	—	<10	非常低

表3 喜马拉雅FM"健康养生"栏目热播榜前十影响力情况

序号	主播/电台	专辑	接触			认知					说服			二次传播			
			收听量	订阅量	粉丝量	发布频率	发布数量	原创率	内容形式	权威性	专业性	搜索热度	知名度	粉丝质量	主动转发量	评论量	互动率
1	厚朴中医学堂	梁东徐文兵对话《黄帝内经》	5292.6万	48.8万	50.5万	2018年3月更新全集	53集	100%	音频	喜马认证	高级中医讲师	热播榜1口碑榜1	—	一般	—	1万多	高
2	健康中国	健康中国趣味健康百科	2881.4万	3658	1.4万	不固定目前还有更新	45集	100%	音频	喜马认证	国家卫生健康委员会官方音频节目	热播榜2	—	一般	—	157	较低

续表

序号	主播/电台	专辑	接触			认知				说服				二次传播			
			收听量	订阅量	粉丝量	发布频率	发布数量	原创率	内容形式	权威性	专业性	搜索热度	知名度	粉丝质量	主动转发量	评论量	互动率
3	大白话说中医	大白话说中医	1272.9万	8.7万	9.8万	不固定目前还有更新	181集	100%	音频	喜马认证	专家郭亚宁V蓝认证	热播榜3口碑榜4	—	一般	—	999+	较高
4	唐喜明催眠师	深度睡眠专业催眠曲音乐	5424.1万	43.8万	45.8万	不固定目前还有更新	57集	100%	音频	喜马认证	国家二级心理咨询师	热播榜4口碑榜10	—	一般	—	999+	较高
5	健康新锌学	佟彤中医养生妙招	1546.2万	10.5万	11.3万	不固定目前还有更新	104集	100%	音频	喜马认证	北京卫视养生堂特邀中医	热播榜5热播榜5	—	一般	—	999+	较低
6	浙江科学技术出版社	李兰娟院士——疫情防控在线	33万	1006	1110	每天	126集	100%	音频	喜马认证	浙江科学技术出版社有限公司	热播榜6新品榜1	中国工程院院士独家授权	一般	—	<30	非常低
7	罗大伦	聊聊张锡纯医案	4648.9万	23.3万	84.3万	不固定目前还有更新	139集	100%	音频	喜马认证	CCTV《百家讲坛》中医专家	口碑榜2热播榜7	2018生活类十大实力主播	较高	—	999+	较高
8	听闻哲趣说营养	会吃才有营养	257万	2万	2.1万	每天	93集	100%	音频	喜马认证	资深中医讲师高级公共营养师	热播榜8	—	一般	—	338	较低

续表

序号	主播/电台	专辑	接触			认知				说服				二次传播			互动率
			收听量	订阅量	粉丝量	发布频率	发布数量	原创率	内容形式	权威性	专业性	搜索热度	知名度	粉丝质量	主动转发量	评论量	
9	婵儿姐姐	睡前催眠（轻松入睡）	1864.7万	24万	27.9万	2019年9月后无更新	16集	100%	音频	喜马认证	Isha官方认证哈他瑜伽老师	口碑榜7热播榜9	—	一般	—	999+	较高
10	廖阅鹏老师	催眠引导你一夜好眠	303.4万	4.5万	5.1万	2017年2月更新全集	4集	100%	音频	喜马认证	顶级催眠师	热播榜10	—	一般	—	999+	较高

表4 喜马拉雅FM"健康养生"栏目口碑榜前十影响力情况

序号	主播/电台	专辑	接触			认知				说服				二次传播			互动率
			收听量	订阅量	粉丝量	发布频率	发布数量	原创率	内容形式	权威性	专业性	搜索热度	知名度	粉丝质量	主动转发量	评论量	
1	厚朴中医学堂	梁东对话徐文兵《黄帝内经》	5292.6万	48.8万	50.5万	2018年3月更新全集	53集	100%	音频	喜马认证	高级中医讲师	热播榜1口碑榜1	—	一般	—	1w+	高
2	罗大伦	聊聊张锡纯医案	4648.9万	23.3万	84.3万	不固定目前还有更新	139集	100%	音频	喜马认证	CCTV《百家讲坛》中医专家	口碑榜2热播榜7	2018生活类十大实力大主播	较高	—	999+	较高

续表

序号	主播/电台	专辑	接触			认知				说服				二次传播			
			收听量	订阅量	粉丝量	发布频率	发布数量	原创率	内容形式	权威性	专业性	搜索热度	知名度	粉丝质量	主动转发量	评论量	互动率
3	张大花E7	戒为良药	2733.6万	12.4万	14.5万	不固定目前还有更新	244集	100%	音频	喜马认证	网络主播	口碑榜3 热播榜11	—	一般	—	999+	较高
4	大白话说中医	大白话说中医	1272.9万	8.7万	9.8万	不固定目前还有更新	181集	100%	音频	喜马认证	专家郭亚宁蓝V认证	口碑榜4 热播榜3	—	一般	—	999+	较高
5	健康新佟学	佟彤有中医养生妙招	1546.2万	10.5万	11.3万	不固定目前还有更新	104集	100%	音频	喜马认证	北京卫视养生堂特邀中医生	热播榜5 热播榜5	—	一般	—	999+	较低
6	大盛精诚	养生有道	3938.5万	18.3万	31.6万	每天	1692集	100%	音频	喜马认证	—	口碑榜6 热播榜12	—	一般	—	999+	较低
7	婵儿姐姐	睡前催眠（轻松入睡）	1864.7万	24万	27.9万	2019年9月后无更新	16集	100%	音频	喜马认证	Isha估计官方认哈他瑜伽老师	口碑榜7 热播榜9	—	一般	—	999+	较高

续表

序号	主播/电台	专辑	接触			认知				说服				二次传播			
			收听量	订阅量	粉丝量	发布频率	发布数量	原创率	内容形式	权威性	专业性	搜索热度	知名度	粉丝质量	主动转发量	评论量	互动率
8	黄庭禅	黄庭禅经助眠养生(站桩静坐)	1027.6万	8.1万	25.1万	2014年3月—2019年11月不定期更新	15集	100%	音频	喜马认证	蓝V认证	口碑榜8	知名自媒体	一般	—	999+	较高
9	陈允斌	陈允斌教你24节气饮食法	1178.1万	—	—	2016年11月—2018年3月不定期更新完结	311集	100%	音频	喜马认证	CCTV养生节目特邀嘉宾中国简易食疗推广第一人	口碑榜9 VIP精品付费课程	—	一般	—	999+	较高
10	唐喜明催眠师	深度睡眠专业催眠曲音乐	5424.1万	43.8万	45.8万	不固定目前还有更新	57集	100%	音频	喜马认证	国家二级心理咨询师	热播榜4 口碑榜10	—	一般	—	999+	较高

注：以上数据统计均来自喜马拉雅FM客户端（截至2020年6月8日22点40分）

（4）二次传播角度（评论量、互动率）

值得一提的是由于健康信息和服务是人们的生活刚需，以及移动音频平台本身"非视觉"的特性，喜马拉雅 FM 平台"健康栏目"的音频专辑的受众涉及各个年龄阶层，除个别栏目科学性较强以外，大部分内容旨在为一般人群提供通俗易懂、日常生活所需的健康信息。喜马拉雅 FM 前台无法统计音频节目或专辑的转发量。虽然有很多专辑的评论量达到"999+"，但大部分专辑的单集评论量却不高，这其中也包括较权威的主播。比如，"天方烨谈"单集播放量为 10.4 万，但是评论量却只有 15 个，新品榜单排名前十的音频专辑评论量基本少于 10 个。这就说明大部分主播与受众的互动率并不高。整体来看平台健康养生类音频的受众素养一般，评论量较少，互动率较低。

（二）移动音频平台在健康传播中的积极作用

1. 营造健康文化，增强健康传播社会责任感

用户在喜马拉雅 FM "健康养生"栏目专辑下可以随时随地进行评论，增强了受众的参与感，也有利于在互动中进行反馈和健康信息的再次传播。平台健康养生栏目有一定体量的用户规模，较高的音频收听量、订阅量及主播粉丝们的评论和转发等都能在潜移默化中扩大健康信息的影响力，在一定程度上营造出健康文化。同时，一些从事医学、养生方面的专家、学者或者草根健康爱好者都可以通过喜马拉雅平台认证上传音频节目。开放的平台使更多专业人员走出工作岗位，参与到健康传播的过程中，增强了专业人员的社会责任感。大众对公共卫生咨询、健康知识的需求也更容易得到满足。

2. 提供专业、权威的健康信息，满足用户深度诉求

随着喜马拉雅 FM 以其强大的技术支撑和独特的场景伴随性在新媒体领域获得一席之地后，越来越多的健康养生类专家和平台看到了移动音频平台的优势而纷纷入驻，这其中包括喜马拉雅 FM 认证的国家卫生健康委员会官方账号"健康中国"、39 健康网、丁香医生、中国中医药出版社官方电台"中医频道"、国内知名催眠师"唐喜明催眠导师"等。同时，为了在知识付费的激烈竞争中脱颖而出，喜马拉雅 FM 自 2016 年起提供众多原创性的优质音频，这其中也包括在健康养生栏目邀请知名专家和学者打造精品付费栏目。例如与《养生堂》特约中医学者佟彤老师打造的"佟彤中医养护 50 讲"VIP付费专辑；与 CCTV 养生节目特邀嘉宾陈允斌打造的"陈允斌教你 24 节气

饮食法"VIP 付费专辑等。高原创率、专业化的专辑能够满足用户对健康信息和服务的深度诉求。

3. 时效性和长效性健康内容并行建构，提供个性化服务

根据平台专辑不同的发布频率，笔者将喜马拉雅 FM 平台上健康养生类专辑内容分为两类：时效性专辑主要是以实时健康类新闻为主，内容重复收听率低，但是更新频率高。比如，新冠病毒疫情暴发期间，受众在喜马拉雅 FM 平台上可以听到关于疫情以及疫情防控的实时播报，以华大基因专业团队为代表的主播也会每天对新的疫情进行分析，并为听众讲解科学有效的防控措施。长效性专辑一般更新速度较慢，内容以某一主题为主。例如，唐喜明催眠师的"深度睡眠专业催眠曲音乐"专辑从 2018 年 11 月开始不定期更新直到现在。喜马拉雅 FM 健康传播对时效性内容和小型内容进行建构，优势互补，促进健康信息的广泛及深入传播。同时，这些信息会通过后台技术建构用户画像，根据用户的健康信息收听和反馈情况随时进行调整，为用户提供高精准、个性化的服务。

（三）移动音频平台在健康传播中的消极作用

1. 互动率低，易引发虚假影响力

从研究结果看，喜马拉雅 FM 平台上关于健康养生类专辑的互动率普遍较低，这也包括近来的舆情集中点，与新冠病毒疫情相关的"李兰娟院士——疫情防控树兰在线"专辑，其总榜放量 33 万，但是出现单集的评论数为 0 的情况。这一方面与移动音频平台"非视觉""重听觉"的随身性有关，大部分用户会选择在做家务、睡觉或者吃饭等不占据身体劳动力的场景下收听，这就导致大部分用户不会专门去评论或者转发。另一方面也与平台和主播本身的参与积极性有关，绝大多数的主播与受众的交流积极性不高，直接影响了互动效果。虽然音频专辑播放量较高，但是听众是否真正从音频中获取有效的健康信息并愿意二次传播仍存在异议。例如，"蕲艾养生灸学堂"虽然有三个超过 1000 万播放量的音频专辑，但是其播放量与订阅量、订阅量差距明显，评论量更是寥寥无几，对于该主播的健康传播效果容易出现虚假判断。

2. 主观感知性，易导致迷惑、滋生谣言

移动音频"非视觉"的传播形式给受众带来的是独特、放松的和具有强烈主观感知性的信息传播体验。健康养生栏目中主播为听众讲述健康信息，

通过声音的音调、力度、节奏等营造氛围、表达感情，而受众在收听过程中需要集中注意力，发挥联想和想象进一步丰富接受的健康信息。在这一传播过程中，主播的专业度以及听众本身的素养、注意力程度等都会影响到其最后对信息的理解程度。假设听众素养本身较低，且在收听过程中注意力涣散就容易造成迷惑，进而误解信息，而听众若将误解后的健康信息进行二次传播，就可能滋生谣言。同时，不同于文字的把关，音频平台对"声音"的把关难度较高，平台健康传播者的多元性和低门槛性也容易导致虚假健康信息的扩散。

3. 平台疏于管理，发展落后于其他栏目

平台《健康养生》栏目虽然在收听量、订阅量、粉丝量等方面都体现出一定体量的规模和发展潜力，但是与喜马拉雅 FM 平台 5 亿的用户总量相比还有较大的差距。同时，笔者还发现喜马拉雅 FM 热门榜单排名前 100 位的专辑中，并没有健康养生类专辑。这都说明了与有声书、广播剧等热门栏目相比，平台在健康传播方面还比较落后，有巨大的发展空间；部分热门口碑账号长期未更新的情况，也警示平台应加强对主播电台的管理和激励。

四、新环境下优化移动音频平台健康传播的策略

（一）音频为主，视频、文字、图片等形式相辅

音频是移动音频平台健康传播的核心要素，但在融媒体时代，基于平台技术条件，在电台相关页面加入与音频内容相近（或相同）的文字或图片，既可以满足受众"听"的需求，又可以满足受众"看"的需求。健康传播的刚性需求属性决定了信息本身的专业性、准确性需求，容不得有半点错误。这样不仅能给听众多方面的选择，通过不同形式满足受众，还能在一定程度上以更加形象化、深度化的方式，加强听众对健康信息的理解，防止迷惑和谣言的二次传播，缓解了平台内容把关的压力。

（二）开展多层次互动，增强听众黏性

移动音频平台应激励电台主播加强与听众的线上互动，首先体现在在评论区为听众答疑解惑，其次还可以周期性开展线上音频直播或连线，加强与粉丝之间的互动与交流。除此之外，平台或主播还可以策划一些线下活动，

通过线下活动与听众进行"面对面"互动，由此来提升听众对专辑的收听忠诚度。这种多层次互动既可以增强听众黏性，又可持续扩大移动音频平台在健康传播的影响力。

（三）制作优质内容，加强栏目管理

平台在内容建构上形成 UGC+PGC 的模式，聘请专业人士甚至行业专家对音频脚本进行专业化打造与审核，使传播内容优质化，促进平台健康信息的长效化传播，形成"长尾效应"。还可以寻找一些具备专业性或代表性的特色声音录制相关内容吸引受众，充分发挥音频节目在健康传播中的特色。平台要借鉴其他栏目的发展方式，充分重视平台"健康养生"栏目的开发与策划，更加深入和细化健康传播的内容。

五、结语

通过对喜马拉雅 FM 健康养生类电台的调查分析，笔者认为，我国移动音频平台的健康传播已经进入了快速发展时期，且在健康传播中发挥着巨大的影响力。这不仅与健康信息和服务作为人们生活的刚性需求有关，还与喜马拉雅 FM 等移动音频平台在健康传播中的多样性、伴随性、专业性、即时性、互动性等特点有着极为密切的关系。通过分析健康传播视域下移动音频平台的传播现状与问题，并探讨在新形势下如何优化移动音频平台的健康传播，为健康传播研究与发展提供了一种新的视角与思考角度。未来，移动音频平台作为健康传播的重要渠道将发挥越来越重要的作用。

参考文献：

[1] 杨阳 . 健康传播视域下微博平台乙肝议题的建构——以人民日报为例 [J]. 传媒个案，2018：71-72.

[2] 匡文波，武晓立 . 基于微信公众号的健康传播效果评价指标体系 [J]. 国际新闻界，2019：153-176.

[3] 百度百科 . 移动音频词条 [EB/OL]. https：//baike.baidu.com/item/%E7%A7%BB%E5%8A%A8%E9%9F%B3%E9%A2%91/19221752？ fr=aladdin.

[4] 艾媒咨询 . 2019—2020 年中国在线音频研究报 [EB/OL]. https：//www.iimedia.cn/c400/67192.html.

[5] 许艺凡，马冠生.新媒体在健康传播中的作用及评估 [J].中国健康教育，2018，34（1）：62-66.

[6] 武小菲，崔丹丹.政务移动电台的营销传播——基于喜马拉雅 FM 的分析 [J].2019：85-86.

武侠游戏与跨文化传播

崔宇威

（北京印刷学院　北京　102600）

【摘要】在全球化时代，文化软实力的重要性得到凸显。游戏作为文化传播的重要载体，也成为跨文化传播的重要手段。本文以《太吾绘卷》为例，根据游戏的传播状况，探究电子游戏作为传播媒介的跨文化传播活动。

【关键词】游戏；跨文化传播；文化

一、《太吾绘卷》的传播效果分析

2018 年，《太吾绘卷》《中国式家长》等中国原创游戏席卷海外游戏平台。游戏在我国经历了几十年的发展，如今开始了"出海"之路。而这，仅仅是中国游戏"出海"远航的一个侧影。据人民日报海外网舆情中心监测数据显示，2018 年中国游戏海外报道量超 20 万篇，同比增长 58%。海外游戏市场在成为中国游戏企业重要收入来源的同时，也成为传播中国文化的新型舆论载体。

作为近年来"出海"游戏的代表，《太吾绘卷》是由 Conch Ship Games 研发，并于 2018 年 9 月 21 日发行的一款以神话和武侠为题材的独立游戏。

目前，该游戏销量超过两百万份，在 steam 上拥有评论 23507 条，好评数量 20451 条，总体好评率为 87%。其中，在英语评论区抽取评论，共取得评论 231 条，其中推荐 214 条，不推荐 17 条，整体好评率为 90.29%，略高于总体的好评率。

此次评论分析的样本为在《太吾绘卷》英语评论区抽取的 231 条评价，其中的中文评论已剔除，经过统计其评论中出现频率较高的单一词见表 1。

表 1 《太吾绘卷》英语评论区中出现频率较高的单一词语

分类	单词	出现次数	占比（%）
单词	game	252	10
	Chinese	58	2
	English	44	2
	good	38	2
	very	32	1
	like	31	1
	need	30	1
两字连接词语	need English	11	2
	good game	11	2
	English translation	8	1
	martial art	7	1
	recommend game	6	1
	great game	6	1
	fan translation	5	1
	scroll taiwu	5	1
三字连接词语	game sever played	3	1
	one best games	3	1
	early access game	3	1
	martial art game	3	1
	Chinese martial art	3	1
	each character unique	2	1
	still early access	2	1
	early access version	2	1
	time writing review	2	1
	highly recommend game	2	1

在这其中表达积极含义的高频词汇总共出现了 82 次，并未出现负面情绪的表达。这也与游戏整体的好评率相吻合。在表明态度的词汇以外出现

频率较高的为 Chinese，English，need English，English translation 等与语言翻译相关的词汇，这也反映出具有中国文化背景的游戏在对外传播时所遇到的一大问题。另外也出现了一些反应游戏内容的词汇，类似于 martial art，Chinese martial art 等，这也反映出独特文化背景带来的文化内容对外国用户的吸引。

二、跨文化传播困境

在进行评论统计的过程中，共抽取评论 231 条，其中与翻译相关的要求中，English 出现了 44 次，translation 出现了 30 次。国产游戏进行跨文化传播的首先问题就是解决产品语言的本地化问题。游戏本身就是一种文化载体，其文化输出性与承载性决定着翻译过程的复杂性。美国学者爱德华·霍尔曾提出了高语境传播与低语境传播。中国文化产品对外传播就要面对由高语境到低语境的过程。

（一）二度编码

游戏除了用画面感染将玩家带入游戏世界，自主地接受文化熏陶，游戏中文本的翻译过程对于跨文化传播的重要性也不言而喻。这些文字、背景典故等都遵循符号传播的一般原理，"按照符号学的观点，人之所以异于动物，是在于人具有符号化能力，即能用语言符号进行概念化思维"，在人际交流中，语言是人类的重要沟通工具，也是重要的环节，不同的语言之间需要翻译，而翻译就是传播的主体和客体的编码和解码往复循环的过程。跨文化传播也离不开"翻译二度编码"的应用。

在同一个语言环境下，语言符号的传播就是一个编码再解码的过程，传授双方通过意义到符号再到意义的转换，获得信息。而如果双方不在同一语言环境下，这种过程就不适用了。不同的语言环境下，翻译者成了中转站，A 语言需要到达中转站转换成 B 语言，这就完成信息的传输，其中，翻译者需要对 A 语言进行解码，然后根据 B 的理解方式进行编码，转换成 B 所能理解和接受的含义。这个过程中进行了两次符号的转化，我们可以称为翻译的"二度符号化"。

语言翻译只是游戏本地化过程的一部分，直接粗暴地将中文字词翻译成目标市场的语言可能会产生截然不同的字面含义或不符合当地用户的用语习惯，影响玩家对整个游戏情节、玩法及世界观的理解。例如，某些国内的网络流行语在国内玩家看来是一个笑点，但对海外用户来说却是云里雾里，无法理解。翻译中要避免字句落实的中国式翻译。

显然仅仅依据词典进行的翻译工作在游戏中是不适用的，会出现很多无法理解的情况。因为不是所有的武侠文学作品、武侠游戏都共用一套词汇体系。游戏里大多数的名词翻译通过生堆词汇来完成，这些翻译同样需要删减，以减少传播中的文化折扣。要结合当地文化语境对游戏文本内容因地制宜进行翻译，有必要时进行再创作，力争做到保持整个游戏文本语气与当地语言文化氛围的高度一致。通过本地化的文案与音频，减少因语言翻译质量问题带来的运营阻碍。

（二）文化折扣

游戏的核心是游戏机制和游戏玩法，玩家在进行游戏时，大部分时间花在核心玩法和核心机制上。例如，游戏俄罗斯方块的核心玩法为将方块嵌入彼此的缝隙，核心机制为方块的控制系统。游戏作为文化产品需要通过核心游戏机制满足玩家的游戏需求，在满足需求后通过成体系的游戏机制形成玩家对于游戏的依赖。

在《太吾绘卷》的评论分析中对游戏持不推荐态度的玩家有 53% 游戏时间不足 2 小时。在游戏初期，玩家易感受到文化折扣，从而造成跨文化传播的失败。霍斯金斯基于对美国主导电视节目国际市场的分析，提出"文化折扣"学说。其中文化折扣较低的文化产品更易被他国受众理解接受，文化折扣高则容易受到误解抵制。这也解释了为何众多游戏以车、枪、球为核心，而且这些游戏往往能在跨文化传播中取得较好的效果。因为简单的动作游戏以对于动作的操作为核心，它跨越了语言的屏障和国界的障碍，能够以更加直观的方式展现个人的心路历程。而在以中国文化为背景的游戏中，在受众接收初期应该避免出现过多难以接受的文化符号，以免降低文化折扣。

三、游戏作为跨文化传播手段的优势

（一）非功利性的传播

与其他带有强制性的传播手段不同，游戏中的跨文化传播更多是非功利性的，因为受众在进入游戏的那一刻是非功利性的。游戏的传播文化的方式是参与的、互动的，不是线性、强制性的。威廉·斯蒂芬森从人类心理机制的角度讨论了游戏与传播的关系。他在承认传播具有信息传递功能的同时，更加强调传播活动本身就是目的，因为它能够给人带来快乐。斯蒂芬森强调传播的玩乐消遣、自我取悦，和彼此之间的互动和联系。所谓在游戏中传播，是指受众在游戏的场景中自愿参加冲破现实的某种约束、包含着丰富的快乐体验的互动活动。

（二）共情与淡化历史差异

玩家加入虚拟世界后，为了在游戏中获胜，就必须增强对游戏的故事背景和前人经验的了解，加强与游戏本身的沟通交流。在游戏中为了更好地使用一门武功就必然研究武功的历史背景，寻找武功的克制关系。这也把对文化背景的学习变得任务化，在此种情况下，会增加玩家对其他文化交流的需求。在这一特性的基础上，网络游戏的跨文化传播可以在一定程度上淡化历史传统所带来的差异，更好地进行跨文化传播。

在《太吾绘卷》游戏中，玩家通过高度符号化的游戏剧情介绍来了解游戏的核心玩法和机制——通常以对话和与 NPC 聊天的形式传达给受众。这段对话中既包含了与游戏相关的信息，也包含了大量的文化符号以及对于游戏剧情情感的描述。玩家迫于推荐剧情的需要，在阅读文本的同时也被包含于文本之中的文化符号和情感因素影响，如在《太吾绘卷》剧情之中就包含有大量仁爱、保护的情感主题。当玩家产生代入感之后，对于游戏中文化符号的认知以及对角色的共情也随之增强。

一般来说历史文化的传统是造成跨文化交流的最大障碍，不同的世界观和价值观形成了不同文化之间的具体差异，因此需要游戏开发者对自身文化背景进行高强度符号化，以此来化解不同文化的冲突。此外，游戏的时空特性淡化了各种文化时空观的差异，游戏打破了时空限制，将玩家置于统一的框架下，即同一个虚拟空间，玩家只要加入这一虚拟空间，就意味着对一系列法则的认同，就会淡化其本身历史传统所带来的一己之见。

（三）符号与文化元素融入

最初接受外国游戏时的感受、游戏中不同历史文化和行动方式的差异是交流的最大障碍。不同的世界观和价值观形成了不同文化之间的具体差异，因此需要游戏开发者对于自身文化背景进行高强度符号化，以此来化解文化间的冲突。

从历史起源上看，《太吾绘卷》中的人物事件大多取材于神话故事，是民族叙事的代表，是传统文化的一个符号。制作者在挑选素材时就不可避免地把中国传统的叙事逻辑、文化背景乃至哲学观渗入其中。玩家如果顺着剧情继续下去，就必然通过这种不同于自身文化背景的看待世界的"哲学观"来观察游戏世界。游戏的故事文本体现了各民族文化的差异，这在众多中国风游戏中均有显现，如勇赴战场保家卫国具有集体精神的花木兰。这些故事形象源于中国的地理文化的背景积淀，是区别于他国文化的"想象的共同体"的一部分。迪士尼在制作动画《花木兰》时，把集体主义替换为全世界通用的英雄主义、普世主义，这有助于电影在世界范围内畅行无阻，同时，其中的文化内核也被偷偷换掉了。而游戏中的跨文化传播通过商业化的故事文本改编并以图形技术的媒介形式进行二次创作，让故事以崭新的形式回归读者视线。其中大量的视觉符号、丰富的视觉形象充分彰显了符号在跨文化传播中的独特性。在游戏的过程中，游戏人物使用的武术招式就符合了西方对于中国的想象。

高度符号化的文化元素，有利于玩家的记忆，有利于传播。游戏机制与符号作为游戏中的两个重要元素，构成了两个相对独立的意义系统。游戏机制系统通过对于玩家需求进行不可预测的满足，来生产或者传递意义，并督促玩家对符号系统的信息进行解码；符号系统则通过显著反馈效应来承载文化中已经完成编码的信息。而游戏作为媒介真正的、不可替代的生产过程存在于两者之间或紧张或舒缓的维度拉扯关系中。

参考文献：

[1] 刘程悦，张宏树 . 论游戏出海与中国文化软实力建设 [J]. 今传媒，2019，27（11）：40-45.

[2] 刘旭 . 中国武侠类网络游戏在越南的跨文化传播研究 [D]. 广西大学，2019.

[3] 黄凌宇 . 欧美电子游戏中的中国形象研究 [D]. 贵州师范大学，2019.

[4] 王蕴. 中国传统文化元素在数字游戏中的应用研究 [D]. 广东工业大学, 2019.

[5] 张安华. 中国传统造型艺术的对外传播研究 [D]. 东南大学, 2015.

[6] 郑保纯. 武侠文化基本叙事语法研究 [D]. 苏州大学, 2014.

[7] 蒙象飞. 中国国家形象建构中文化符号的运用与传播 [D]. 上海外国语大学, 2014.

[8] 苑亚光. 武术文化在武侠游戏中的渗透与发展 [D]. 河南大学, 2013.

短视频时代下的科普内容传播

——以哔哩哔哩网站为例

张 慧

（北京印刷学院 北京 102600）

【摘要】随着社会和科技的进步，各种新兴的传播方式相应出现，使得科普传播工作也从传统文字形式的科普书向更加多样的形式转换。在新媒体科技传播发展迅猛的背景下，科学普及效果显著，极大地推动了科技传播方式的变革，给人们带来了突破和惊喜。近年，短视频快速发展，涌现出越来越多分享知识、传播知识的内容创作者，他们通过科普短视频这种更具活力的形式结合短视频平台强大的传播力量，使科普更加深入人心。本文将主要以哔哩哔哩（以下简称"B站"）为例，从其受众对科普内容的需求分析，探究当前科普内容在短视频时代下的传播策略，并阐述短视频时代下对科普内容未来发展的展望。

【关键词】科普；短视频；内容；B站

在被疫情笼罩的 2020 年春节假期里，短视频流量获得了整体的大幅度上涨。Quest Mobile 2020 年 2 月 12 日发布的《2020 中国移动互联网"战疫"专题报告》显示，短视频整体的日活用户规模从去年同期的 4.26 亿上涨至 5.74 亿，同比涨幅达 34.7%，人均使用时长也从去年同期的每日 78 分钟上涨至 105 分钟，同比涨幅高达 34.6%。在极高的大盘流量中，人们的注意力有很大一部分集中到了疫情相关的信息上，使一大批高质量的知识资讯和科普类账号涨粉速度十分迅猛。

一、科普的概念

科普，顾名思义就是科学普及，或者大众科学、普及科学，是指利用各种传播形式以简单易懂的，让普通大众容易理解、接受和参与的方式介绍社会科学和自然科学的知识，推广科学技术的应用，倡导使用科学方法，传播广泛科学思想，弘扬科学精神的活动。科普视频长期以来就是科普传播的一种有效形式，无论是早期的科普广播电视节目，还是近年来的网络科普微电影、微视频等，都以其寓教于乐、生动形象的形式受到公众喜爱。

2015 年，中国科学技术学会与腾讯公司合作签署"互联网 + 科普"合作协议，旨在打造移动互联网时代的"科普中国"，促进全民科学素质提升。与此同时，移动终端的普及和互联网的提速，使得短、平、快的短视频逐渐获得各大平台、粉丝和资本的青睐，短视频快速崛起，泛内容平台大力发展短视频，短视频逐渐成为自媒体中的一股强势力量。在此背景下，一批区别于政府、官方机构的个人科普爱好者进行短视频创作并获得社会各界关注。根据 2019 年第一季度《中国网民科普需求搜索行为报告》数据显示，2018 年中国网民科普搜索指数为 91.64 亿，较 2017 年增长 19.17%。从搜索终端来看，移动端科普搜索指数同比增长 22.15%，达 70.61 亿；PC 端科普搜索指数同比增长 10.14%，达 21.03 亿。移动端科普搜索指数是 PC 端的 3.36 倍，体现出公众对于科普短视频的巨大需求。从某种程度上来说，短视频不仅仅可以成为娱乐的平台，也可以成为科普的载体和媒介。

二、B 站中科普内容的传播现状及特点

新媒体时代下的受众不再是过去的大众传播时代的靶子式的接受者，而是作为主动的解读者与参与者生存在媒介环境中。信息空前爆炸的背景下，受众会选择性接触令他们感兴趣的内容，并对内容做出反馈。"活到老，学到老"，这句俗语在如今快速变化的环境下变得更加适用。网络流行语"奇怪的知识增加了"背后，其实也隐藏着年轻人们大开眼界之后对自己无知的坦然正视，因为，通过学习和接受新知识，人们会发现世界远比想象中更宽阔，自己所了解的只是冰山一角，仍有无数个空白等待着去填补。这也意味着，用户对科普类内容的需求是长期存在的，只不过之前的学习需求大多停留在文字内容范围内。

如今，几乎任何一个行业的热门话题和时事热点，都可以在知乎、微博、微信公众号上找到五花八门的解答和分析，其中不乏论据翔实、逻辑缜密的

优秀文章。那么出于获取知识的目的，直接去文字内容平台看文章即可，为什么要来 B 站看视频获取呢，笔者认为主要有以下两点原因。

（一）可视化的内容呈现，让科普更生动

从信息维度来看，视频和文字相比不在一个维度上，一部百万字的小说放在 txt 文件里面约为 10MB，而对于高清视频来说，10MB 可能连片头都不够。两者所包含的信息量差距太大，阅读文章接收到的信息只有文字，而视频不仅有文字，还有画面、声音（B 站还有弹幕）。有些问题文字描述得再通俗易懂，可能也不如一个几秒钟的视频来的直观。

根据 DT 财经采集的 2020 年 2 月 1 日到 3 月 25 日的数据显示，若将学习视频标签下的采集范围划定为 B 站科技分区下趣味科普人文、演讲·公开课和野生技术协会三大频道，则涵盖了常规的学科内容、各类技术和生活中各领域的知识科普。两个月内，B 站的视频或文字提供者（以下简称"UP 主"，网络流行词，指在视频网站、论坛、ftp 站点上传视频音频文件的人）在这三个频道里上传的各类学习视频达到了 56000 多个。从这些视频的标签来看，科普人文和公开课作为两大主要频道，成为大家最爱用的视频标签。再聚焦到播放量 300 万以上的前 20 个视频，罗翔老师"流量收割机"的特质暴露无遗。"强奸自己案""给树浇水坐牢案""粪坑案"等热门视频包揽了播放量前 4 名，截至 3 月 25 日，点击量均在 540 万以上；《韩国 N 号房事件的罪与罚》《我们为什么要做一个诚信的人》等视频也都跻身前播放量 20 名；"对半佛仙人对肖战 AO3 事件""武汉软件学院损害学生财产事件"等拥有独到观点的财经、社评类视频同样被网友们追捧。这些热门视频也从侧面反映出，受众对趣味科普内容更加钟情。

（二）娱乐与学习需求结合，让科普更有趣

全媒体时代，受众更倾向于选择那些轻松娱乐的内容，而大众传播的一大功能就是要满足人们精神娱乐需求，也就是说，大众传播也通过传播休闲性、游戏性内容来增强传播效果。

"深度学习是痛苦的，是反人性的；浅层学习是舒适的，是愉悦的。"在 B 站，UP 主普及知识进行科普，不仅能满足网友们的娱乐需求，还能通过刷弹幕的方式与其他网友互动，体验一种上课窃窃私语而又不会被点名的参与感。除此之外，看科普视频属于一种典型的浅层学习，由于资料数据收集、事物结构、逻辑分析这些前期工作 UP 主都完成了，受众看到的已经是成品的观点、分析，并且配有视频画面和背景音乐，受众不需要太深入的思考，也不需要过硬的专业知识。同样的，观众也不指望在科普视频里面看到最硬核的内容。因为，最硬核的内容只适合专业人士，试想一个程序员出身的 UP 主在视频里聊汇编语言，大概率是不会收获太多外行观众的。所以，通过受众喜闻乐见的方式为其提供知识分享，在充分满足受众个性需求的基础上，全面提高传播效果，既能满足娱乐自己，放松一下，又不会有多少玩物丧志的罪恶感。所以说，知识科普视频和 B 站年轻化的用户群体是相互契合的。

前面也提到了 B 站的特色文化——"弹幕"。这种独特的视频体验让基于互联网的弹幕能够超越时空限制，构建出一种奇妙的共时性的关系，形成一种虚拟的部落式观影氛围，让 B 站成为极具互动分享和二次创造的文化社区。"视频 + 弹幕 + 评论"的学习方式提供了更直接、易理解、更刺激的视听符号，可以减轻用户的心理负担，更重要的是，弹幕让人清楚地知道，在电脑屏幕的另一端，连接着一些和自己年龄相仿、兴趣相似的年轻人，他们在听不懂的时候会主动问"为什么"，通过别人的弹幕获取原因，进而产生一种自己获得新知识的成就感。而弹幕文化内生的参与感和互动感，既是 B 站氛围不可或缺的一部分，反过来又塑造着 B 站用户的性格，影响其行为。那么，科普内容基于这种弹幕文化形成的氛围，可以在过程中与受众形成广泛的讨论，双向互动既有利于 UP 主对科普内容进行后续调整和丰富，也有利于用户的观感等多维度体验，以实现传播效果的最大化。

三、从 B 站看科普内容在短视频时代下的传播策略

在目前短视频成为宠儿的时代，可视化的科普内容越来越获得受众的喜爱。B 站上财经类、商业类的知识科普视频，成功让二次元或泛娱乐用户群体接触到更有价值的信息，引爆了普通用户对科普类内容的需求，并依赖于 B 站独特的社区文化和仍在攀升的用户流量，B 站先声夺人，抢了知识科普视频的"头彩"。科普内容在 B 站的传播方式和效果，在一定程度上能给科普宣传工作带来一定借鉴和参考，具体有以下三种传播策略。

（一）借力短视频，促进科普宣传工作发展

传统的科普宣传工作一般是通过专业性的讲座或报纸、电视、广播等方式来进行的，这些形式往往使科普内容传播显得过于严肃，所以科普宣传工作所发挥出的作用也是比较少的。但是，如果利用好短视频就可以使公众在进行科普内容学习的时候有更加生动和直观的理解。

比如，近期关于垃圾分类的科普宣传工作，传统的宣传手段是缓慢而稳定地进行科普宣传工作，告知人们现在开始实行垃圾分类这一新政策。但是具体到对公众所关心的"应该怎么分""垃圾分类之后垃圾都去哪儿了"等一系列问题进行宣传的时候，传统的宣传方式并不会达到深刻而有效的传播效果，这对于后续政策的落实也会有消极影响。

那么，如果借力短视频为科普宣传工作提供推动力，将会更好地被大众所接纳，促进其发展水平的提升。在 B 站中，关于垃圾分类科普内容，科普 UP 主"回形针 PaperClip"发布了《你丢的垃圾都去哪儿了？》科普视频，通过精美的动效生动而形象地将"丢完的垃圾都去哪了"这一公众关心的话题进行梳理和解读，从其流程及现状分析后，让观者有一个对垃圾危害性的直观感受，反过来引发观者反思垃圾分类的意义所在。这种更为深层的科普内容与短视频结合的宣传形式更值得借鉴和应用，也能使得科普工作的进行可以实现更为快速的发展，谋求到一个新的发展态势。可以说短视频科普在很大程度上为科普新态势的发展提供了方向和轨道。

另外，在全媒体时代，受众更倾向于选择那些轻松娱乐的内容，而大众传播的一大功能就是要满足人们精神娱乐需求，也就是说，大众传播也通过传播休闲性、游戏性内容来增强传播效果。科普短视频则能够巧妙地满足用户对娱乐和学习的共同需求。因为这类视频多是已经成型的观点和分析，在省去逻辑分析后，用户并不需要太深入的思考，也不需要过硬的专业知识，便能理解和获取相关信息点。重点是，这种浅层的学习形式还能减少过度娱乐化产生的罪恶感。因此，科普宣传工作也要注意将严肃内容与娱乐内容相结合，兼顾内容的趣味性，通过受众喜闻乐见的方式为其提供知识分享，用轻松易懂的案例，让受众可以更直观、透彻地理解复杂深奥的科普类知识，在充分满足受众个性需求的基础上，全面提高科普工作宣传效果。

（二）政府牵头，联合短视频 KOL 举办活动

科普内容对大众来说往往表现为枯燥的、深奥的、距离感较强的知识。同时，日常生活场景中的百科知识往往也呈碎片化的分布。那么，短视频作为内容载体，不论从可视化还是整合化两个方面来看，无疑更适合并迎合现下的趋势。

比如，在 B 站中主要以发布昆虫学相关科普内容为主的"萝王 2 号"，其视频播放量高达 6701 万次。后来随着人文领域视频内容暴发，UP 主"巫师财经"引爆了财经类科普内容的传播，由其带起财经类视频的科普类视频热潮，使得具备科普内容创作能力的 UP 主纷纷跟进，推动了一波人文科学领域热点话题的科普潮流。在"巫师财经"后出现的一个关键人物"硬核的半佛仙人"，即吐槽瑞幸咖啡财报的视频制作者，他与之前的 UP 主不同之处在于，在成为 UP 主之前已经是微信公众号和知乎知名红人，坐拥大量粉丝。在庞大粉丝量的基础上，其视频也具有鲜明的特征，能够频繁抓住 B 站用户的痛点。截至目前，借助瑞幸暴雷的东风，其代表作《瑞幸咖啡是如何暴打资本主义的》播放量已经飙升至 810 万次，"硬核的半佛仙人"一跃成为顶流 UP 主，更新视频 5 个月，44 个视频，均集播放量超过百万次，粉丝累计至 378.8 万次。

在某种程度上来说，这些来自不同地方、不同行业的科普类短视频的 KOL，对于科普内容的传播有着正向的促进效果，推动着科普内容从文字时代向视频时代迈进，还能吸引越来越多的优秀的文字创作者进入视频创作领域。那么，如果由政府牵头，通过与 B 站或短视频平台中的科普类 KOL 联合，主导发起全国性的大型科普短视频活动，在提升全民科普参与度的同时，亦可扩大科普内容的传播影响力。

另外，可同时进行有竞赛意味的评选活动，由所有网友共同评选优秀科普作品，在固定时段线上投票，线上线下同步颁奖。因为在全媒体时代，线上线下并行的方式能够促使科普视频在更广范围内让受众接受百科知识，进而提升科普视频内容的系统性。B 站其实已经开始在尝试，比如科普 UP 主"妈咪说"曾办过一场关于黑洞照片的科普直播，直播人气近 145 万，视频播放量超过 110 万。此后，"妈咪说"又联合 B 站做了线下科普活动"科学很可爱"，全程直播，话题浏览量站内超过 1500 万，弹幕近 10 万条，微博话题

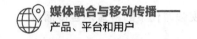
阅读量近 1.5 亿次，讨论超 7 万次。

（三）重视权威群体力量的依靠，保证科普内容严谨性

科普内容区别于一般的信息传播，它的专业性是比较强的，因此更应当重视信源的可靠性，而信源的可靠性也能给科普宣传工作带来更持久的生命力。在进行科普内容的传播之前，首先要保证科普知识的内容是值得传播的，信息内容的质量和权威性也需要得到保证。

2019 年权威科研机构与移动互联网平台在合力发起了名为"DOU 知计划"的全民短视频科普行动，依靠相关专家、学者等专业领域内有权威的群体的力量进行发言。这种借助短视频的形式将正确的科普言论进行传播的做法，能够有效将由社会谣言带来的恐慌扼杀在摇篮中，从而助力全民科学素质提升，推动科普宣传工作的正向发展。

另外，还可以通过鼓励或邀请教职人员入驻平台，提高科普视频的吸引力和关注度。2019 年可以说是 B 站泛知识学习类内容高速发展的一年。据统计，学习类 UP 主数量同比增长 151%，学习视频播放量同比增长 274%，有一句流行语叫"上 B 站搞学习"。2020 年 3 月，以刑法科普迅速出圈的 B 站 UP 主"罗翔说刑法"，入驻 B 站仅 25 天，站内粉丝达到 379.5 万，中国政法大学教授罗翔凭借"相声式刑法科普"在 B 站走红，更新 10 个视频，热度极速攀升，并且迅速在微博、微信朋友圈等社交平台引起关注，成为年轻群体中的"刑法网红"。说到底，这还是因为用户对科普视频有着广泛的需求，对知识有着根深蒂固的需求，对优质内容有着高度的认可。

当然，还要确保权威群体在具备扎实专业能力的同时，具备较高的传媒素养，可以将抽象难懂的科学知识转化为形象生动的短视频，这样才能在确保内容专业性的基础上，充分满足受众需求。目前来看，真正具备专业系统知识、能引发人们思考的"生产者"大多还停留在文字时代。也就是说，要提升思想生产者和年轻的传播者能彼此融合，进而提供有深度、成系统的内容，就需要通过制定相关政策，无论是在资金对技术的支持上，还是在专业群体的邀请和培训上，加强对科普内容传播的扶持与重视力度，保证科普内容的严谨性和有效性，这对于科普宣传工作的发展具有重要的现实意义。

四、短视频时代下科普内容传播的未来

近年来，"信息流＋短视频"掀起数字内容发展新浪潮，短视频俨然成为仅次于即时通信，继网站、微博、微信、公众号等新媒体科普之后最具活力的科普业态。在新冠肺炎疫情期间，主流媒体在短视频平台上的科普内容也大幅度增加，《人民日报》、央视新闻等官方媒体账号都生产了大量疫情相关的科普内容，抖音、快手、B站等视频平台都上线了抗击疫情专题频道。这些权威、专业的内容能通过短视频触达最广泛的大众群体，在全民疫情防治上起到了关键的作用。而且在垂直内容生态日渐丰富，专业化趋势越来越明显的情况下，内容消费升级的需求越来越强，可以预想到，未来科普类内容将会得到更多关注。

科普内容在短视频中的运用，不仅能使日常生活知识化，使隐性知识显性化，还能以社交为纽带进行知识共享，将个体学习转化为大众分享和参与，让知识触达更多的受众。在媒体融合的时代，在5G万物互联的即期愿景中，以短视频为代表的新平台科普内容传播必然会扮演越来越重要的角色。当然，针对科普视频发展中存在的问题，相关主体必须及时转变理念，采取有效措施不断提升其质量，以进一步拓展其生存发展空间，充分释放其正面效能。

五、结语

科普内容以短视频的形式进行娱乐性传播，在吸引公众亲近科学、改观对科学的认识的同时，是否能平衡好科普内容传播严肃性与娱乐性的关系，有效引导人们主动探索科学知识，还有待在实践中不断发现、调整、改进。同时，在短视频时代下的科普内容传播，确实无法达到系统讲解、全面剖析的效果，但是能够一定程度上提高全社会的科学文化素养，起到打开一扇门的作用。通过碎片化的拼图，把关于各类科学的基本知识、方法论和思考方式展示给人们，当人们收集到足够多"碎片"时，便能掌握它们内在的联系，逐渐拼出一个完整的图景去看待这个世界，这或许也是科普内容传播的价值所在。

参考文献：

[1] 苏皓东. 科普普及的不仅仅是科技知识 [J]. 科技风，2019（4）：235.

[2] 水丹艳. 科普短视频自媒体传播策略分析——以"柴知道"为例 [J]. 新媒体研究，2020，6（1）：44-46.

[3] 孙红园. 新兴传媒传播方式在科普宣传中的作用研究 [J]. 传媒论坛，2020，3（12）：19.

[4] 赵越. 大数据时代融媒体环境下的科普传播探析 [J]. 传媒论坛，2020，3（12）：42.

[5] 谢维和. 知识的普惠——短视频与知识传播研究报告 [R]. 清华大学新闻与传播学院，中国科学报社，2019-01.

[6] 秦家琛. 科普短视频节目《回形针 paperclip》的传播学分析 [J]. 新媒体研究，2019，5（13）：130-132.

[7] 综合科技日报，新浪网. "知识＋短视频"助推科普走向全民时代 [J]. 今日科技，2019（8）：30.

[8] 张天姿. 抖音短视频中知识传播现状分析 [J]. 西部广播电视，2019（5）：5-7.

[9] 郝倩倩. 科普视频在"抖音"短视频平台的传播 [J]. 科普研究，2019，14（3）：75-81.

[10] 李永宁，吴晔，杨濮宇，等. 内容为王：社交短视频平台的知识传播机制研究 [J]. 新闻与写作，2019（6）：23-32.

[11] 秦丽丽. 知识普惠：泛娱乐平台的战略转型——基于短视频平台的观察与思考 [J]. 传媒，2019（5）：28-29.

[12] 李双. 传播学视角下的 B 站传播特色分析 [J]. 传播力研究，2019，3（27）：31-33.

[13] 杨秀国，尤佳. 科普微视频发展的现状与提升策略 [J]. 传媒，2018（22）：51-52.

[14] 徐戈. 以回形针 PaperClip 为例，拆解自媒体 3.0 血海时代的"变态"突围策略 [EB/OL]. http：//xugeblog-com.vpn1.bigc.edu.cn/archives/4519.

[15] 刘红艳. 浅析如何提升短视频平台的传播效果——以抖音短视频为

例 [J]. 新闻传播，2018（9）：30-32.

[16] 中国科学技术协会. 中国网民科普需求搜索行为报告（2019 年第一季度）[R]. 科普中国，http：//www.crsp.org.cn/uploads/soft/1912/7-19122 G55257.pdf，2019.

[17]QuestMobile. 2020 中国移动互联网"战疫"专题报告 [R].http：//www.questmobile.com.cn/research/report-new/82，2020-02-12.

[18] 邓建国，张琦. 移动短视频的创新、扩散与挑战 [J]. 新闻与写作，2018（5）：10-15.

[19] 王大鹏，贾鹤鹏，吴欧，钟琦. 网络自媒体时代的科学传播新动能——以"网红"科学家为例 [J]. 新闻记者，2018（10）：47-56.

[20] 杨乐怡：《重新崛起：短视频行业的 UGC 价值再现——以快手为例》[J].《新闻战线》，2017（10）：107-109.

从 Pitch Bible 模式探析中国动漫产业的全球化发展路径

龚媛媛

（北京印刷学院　北京　102600）

【摘要】近年来，随着社会的进步和新技术的发展，全球动漫产业极速扩容，产业链快速延伸。中国动漫市场也从成长期进入高速发展的黄金期，并相继出现了《大鱼海棠》《哪吒之魔童降世》等一系列经典动漫作品，国产优质动漫IP作为跨文化传播的重要一环，已经提上了"走出去"的议事日程。本文将从 Pitch Bible 模式引入中国溯源，探讨产业资源前置的产品模式所带来的商品化过程，探析中国动漫向海外输出的可行策略，以期为中国动漫产业实现全球化开辟新路径，提供新思想。

【关键词】Pitch Bible 模式；中国动漫产业；全球化

中国动漫产业的新发展与全球化具有天然的关联，从时空路径看来，两者都在书写"走出去"的宏伟篇章。"走出去"是全球化自带的基因和愿景，也是动漫作为产业与艺术的必由之路。现如今动漫产业在全球化浪潮和社会消费主义的洗礼下迅速发展，对各国意识形态的变迁产生了重要影响，已然成为中国在全球化背景下提升文化话语权的重要一环。就全球化视阈下中国对外传播话语体系的构建而言，中国动漫产业应当搭乘全球化的强劲东风顺势而为，发掘区域间的合作优势，把握数字技术变革的有利条件，借助互联网文化的兴盛之姿，在对外传播话语体系的构建中发挥中国动漫产业的积极作为。

与 2001 年中国加入 WTO 参与经济全球化所取得的巨大成就相比，中国动漫产业在"走出去"方面显然滞后，未来依旧留有很大的想象空间。在全球动漫行业中，Pitch Bible 作为前期解决资源结合的一种产品方式，置于产业链第一位，是因为它发挥着盘活几乎所有后续环节的作用，动漫界广为流传的"产品未动，Bible 先行"也验证着它排头兵的地位。Pitch 原意为定位，突出了该模式于内容而言注重品类，于市场而言注重细分的特征，Bible 原义是圣经，寓意为至高无上的指导性纲领。基于国外的发行体制，很多渠道会提前预购产品、预购播映权，它在创意之初就敲定了动漫产品的剧情、质量、风格、人设等，并将其整合成一个概念性计划，其中包含了统一、可视化的标准，呈现各个流水部门的工作，以及动漫衍生品开发方案、竞品分析、预算、发行计划。Pitch Bible 模式使产品在研发期间就决定了其商业化的未来。

厘清中国动漫产业在国际传播过程的问题，分析其借力 Pitch Bible 模式的可行性，将有助于提升中国的文化软实力和稳固对外话语权。对于中国动漫产业自身而言，利用好该模式，更好地展开与国际同行的交锋与合作，更有助于我们探索中国动漫的多元化发展道路，同时更好地磨砺民族艺术。

一、中国动漫产业全球化的现实困境

（一）内容缺乏普世价值，高低语境易发感知隔阂

2015 年，国产动画电影《西游记之大圣归来》以 9.56 亿元票房，拿下了当时好莱坞影片长年占据的中国动画电影榜冠军，随后出海至全世界 60 多个国家，累计票房却仅有 400 多万美元。2019 年，《哪吒之魔童降世》跻身中国电影票房史前三甲，对于全面启动的海外展演，出品方彩条屋 CEO 易巧则坦言："先让我们的片子能够在国外上映，千万不要对票房有太大的期待。"究其根源，中国动漫走出去的道路通行不畅，海外票房遇冷的一大原因是来自文化差异所造成的接受障碍。

跨文化传播学的奠基人爱德华·霍尔（Edward Hall）将文化分为高语境和低语境两种形式，对其下的定义是："高语境（HC）的交际和信息指的是大多数信息已经由交际者或传播者表现出来，只有很少一部分信息是经过编码的方式清晰传递出来的。低语境（LC）的交际传播正好相反，即大部分信息都已清晰的编码方式传递出来。"中国文化就属于高语境文化，擅长运用各种间接、含蓄的表达方式，在动漫影像作品中也存在着许多东方式的隐

喻。例如，《大鱼海棠》中的以鱼为图腾的生殖崇拜，鼠婆子的女权隐喻等，追求一切尽在不言中的语境，需要自行体会其中韵味。然而复杂的中国元素对于海外受众而言却存在认知障碍，从而导致受众对作品产生不理解的情绪，捕捉不到作品的文学性，错失关键性的信息。绝大多数西方国家属于低语境文化的国家，好莱坞的动画电影则讲究有着大而复杂的背景以及简单的故事线条，更加倾向于开门见山的格局，希望通过清楚的表态，让事情有所定论，因而在国际交流中可以畅通无阻。

美国《银幕》杂志资深影评人麦可西说：其实不只中国，包括新加坡、泰国等在内的亚洲电影在北美的票房都不太高。题材类型、语言文化、人文风情等各方面的差异，都会影响到西方观众对中国电影的接受。借鉴西方动漫产业的内容输出套路，打磨适合国际市场的故事蓝本，采用合乎国际语境的叙事风格，冠以通行中外的普世价值，国产动漫影片想要实现国界突围，确实还有很长的路要走。

（二）产品受众与市场定位错位，流失国际市场广大消费群体

我国大部分动漫作品与国际市场上成熟的作品相比，缺乏多元化、差异化、大众化的发展视角，产品受众聚焦于以低幼年龄群体，从 2015 年中国动漫大荧幕之旅启程开始，电影市场中"低幼向"作品数量均保持在80%以上，绝大多数还是由《喜羊羊与灰太狼》《熊出没》《赛尔号》等成熟 IP 孵化而来，具有一定的受众基础，但依旧难逃好莱坞"合家欢"式动漫电影的倾轧。2017 暑期档，仅一部《神偷奶爸 3》就席卷超 10 亿票房，超过所有国产动画电影票房的总和 4.1 亿元，因而可以推断唯有影片趣味覆盖全年龄段时，它才具备品牌开发的条件，才更具有市场竞争力。

以美国迪士尼集团为例，其创始人曾言："我不是主要为孩子们制作电影，而是为了我们所有人心中的童真（不管他是 6 岁还是 60 岁）制作电影。"这一理念不仅提升了迪士尼电影的格局，也延展了动漫电影的生命线，深刻与童趣的并行不悖实现了消费者的兼容，人们为异想世界中构建出的美好乌托邦自觉埋单，动漫电影自此汇聚成了一片金钱闪耀的水域。正如传媒文化研究者和批评家尼尔·波兹曼在《童年的消逝》中提出的论断，电子媒介的产生和传播使儿童和成人之间的界限逐渐模糊。由于儿童受众长期浸润于电

子媒介的信息环境中，对成年世界的理解越发提前，幼稚单纯的动漫情节已不适应他们的需求。而以图像为阅读特征的新童年文化推广了一种新的思维方式和性格品质，可被视为认识上的一个倒退，即成人在电子世界逐渐退化，又重新回到了心理年龄上的童年，他们也需要在动漫世界中寻找童心。迪士尼动漫产业的成功暗合尼尔·波兹曼的主张，也为中国动漫走向全球化释放明显信号，网罗住"成人化的儿童"及"儿童化的成人"两类受众，聚力打造合家欢式的 IP 矩阵方才是"走出去"的诺亚方舟。

（三）产业尚未集群发展，动漫工业基础薄弱

动漫产业是一个投入大、周期长、劳动密集型的产业，要获得高收益往往需要相应的制作成本投入以及高水准制作团队的参与。艾瑞咨询发布的《2018 年中国动漫行业研究报告》显示，中国动漫产业在 2013 年才借助移动互联网和资本的力量开始快速发展起来，经过 5 年多的时间，也许各个细分赛道都已经产生了自己的头部企业，但尚没有哪一家企业能够占据不可动摇的垄断地位。并且，对标日本、美国等漫画产业发展较为成熟的国家，中国动漫产业当下的产值规模相较于庞大的受众体量而言，还远远未触及增量的天花板，真正 IPO 上市的动漫公司也只有以玩具制造起家的奥飞娱乐。由于中国动漫产业入局较晚，集约化程度低，商业化运作模式不够完善，资金回笼缓慢等原因，业内龙头动漫企业较少，大多以作坊式的形态存在，产业布局整体呈现出小、散、弱的态势。

面对大型项目，中国动漫企业缺乏独自消化的能力，"外包"成了常见的解决方案，因而也带来了一系列问题。以《哪吒之魔童降世》为例，整部影片的特效制作动用了 20 多个制作团队，工程项目外包团队则超过了 60 个，参与人数逾 1600 人，对如此庞大的参与人员进行调度协调难度极大，不同工作室制作的镜头难以流畅组接，缺乏专业研发团队编写统一流程工具导致工程文件混乱，维持品控成了绕不过的难题。当下中国动漫产业体系尚未成熟，无法稳定持续输出有差异化的优质内容，单凭一部"爆款"显然无法担负中国动漫"冲出亚洲、走向世界"的文化使命，全球化的路径还有待探寻。

二、从 Pitch Bible 模式看中国动漫产业全球化发展路径

Pitch Bible 模式作为一种预售产品凭证，在产品在尚未开发完成，甚至是尚未开发的时候，便已经确定了发行合作方、播映渠道、衍生品开发，甚至是通过版权销售收回了开发成本。可谓是一招盘活全局，恰好解决了国内动画行业产业链不完善的痛点问题，也为中国动漫出海提供了有力保障。

（一）助力上游内容研发，打造优质国际 IP

动漫产业链上游主要负责开发和提供 IP，优质内容的生产是积累粉丝基数及催生产品溢价的原动力，而当下中国动漫产业出海受阻，在内容创作的起点上也应究其原因，提升文化通融度，尽量避免跨文化交流问题的产生。

Pitch Bible 模式讲究平衡好国际性与民族性的关系，用国际通用的"话语体系"讲好"本土故事"，这同样也是中国动漫"走出去"亟待破解的核心议题。由腾讯视频投资的《海豚帮帮号》正是利用 Pitch Bible 模式打造的国际标准的典型。该动画是全球首部以自然共生关系科普为主题的成长动画。以世界普遍认可并流行的蒙台梭利幼儿教育理念为基础，集合自然共生知识科普、共生世界冒险及合作力情商启蒙于一体，致力于打造陪伴儿童健康成长的动画产品，弥补当前家庭幼儿教育中长期以来存在部分缺失的一环——合作力教育。在理念上摸到了不同国家或民族间共有的逻辑、情感和思路脉络，挖掘出人类性格中最能打动人的冒险精神，并且把故事用现代元素表现出来，使其符合当代审美，并赋予其时代的价值，策划之初便具备了进入国际市场的条件，拥有了成为国际 IP 的可能性。

所以，我国动漫要赢得海外观众，不是简单的"东方化""西方化"或者"全球化"的问题，而是涉及一些融入创作的文化策略，需要在价值观上寻共性，做文章，积极融入国际语境，打造出具有出海潜质的国际动漫 IP，才能更好地在国际动漫发展的下半场中释放中国能量，讲好中国故事。

（二）撬动中游传播杠杆，着力打通宣发渠道

产业中游负责动漫 IP 作品的发行与传播，是迈向市场的重要一环，直接影响目标人群覆盖率和口碑发酵，因此片方要有意识地与海外发行方提前接洽，调整制作细节，制定发行策略，由此更能"倒逼"动漫质量提升以及精准定位。

  Pitch Bible 模式在动漫蓝本构建之初已对预出口国家的文化、市场喜好等方面进行充分调研，有针对性地安排海外展会。从我国 Pitch Bible 模式先行者峰值文化传播公司所制作的《930 号街区》来看，该产品面向 18—25 岁的人群，风格定位为赛车竞速、阴谋与对抗的动作片品类，在发行选择上事先描绘用户画像，再分析 NETFLIX、ADULTSWIM 等海外播放平台上的广告确定收视人群，比对二者的重合度，最终确定采购方的意愿，提供可行"出海"方案，快速促成海外市场展映协议的落地。

  （三）加强下游衍生品开发，搭建品牌长效增值链

  动漫产业的下游包括动漫关联产品和衍生品行业，是对动画、漫画、游戏产品版权的二次利用，在动漫形象的基础上生产各种关联产品，既能增加动漫产品的收入和利润，也可以扩大动漫产品的影响力。从国外动漫衍生品的收益来看，日本动漫产业原生品与衍生品上的收益比例为 3∶7，美国更是高达 1∶9，衍生品环节的良好效益直接保证了动漫产业链的完整性，甚至带动关联产业的协同发展。迪士尼动画电影《狮子王》前期投资仅 4500 万美元，却收获了 7.8 亿美元票房，而衍生品收入更高达 20 亿美元。有人甚至戏称，《狮子王》是迪士尼公司制造出的"印钞机"。

  然而我国动漫产业的营收主要来自票房和植入式广告，衍生品的收入体量偏小，甚至不足 10%，与欧美和日本等动漫产业发达的国家相去甚远。即使在口碑票房皆丰收的爆款国产动漫《哪吒之魔童降世》身上，衍生品依旧没有贡献应有的价值，某些手办产品甚至要等到 2020 年 4 月才能发货，因为正版周边产品供应滞后，消耗了粉丝的购买热情，也给了盗版可乘之机，影响了产业生态的良好运行。

  根据海外相关产业机构给出的数据，好莱坞动漫电影有 40% 的衍生品会在电影上映前销售，这也是 Pitch Bible 模式中商业化的重要模块。因此我国动漫产业应当拥有前瞻意识，在影片发行之际做好衍生品同步上市的计划，有规划地运营动漫产业周边产品，在海外设立与漫展相似的动漫衍生品集中展销地，打破以往漫展的不固定性与时段性，推出具有中国动漫产业特色的系列拳头产品，实行长期集群定点经营，逐步扩大展销规模和影响力，力求使消费者的需求在集中展销地获得一站式满足。

三、结语

动漫电影一直被称为"文化折扣最小的片种"，容易进入国际文化传播语境，加上国家有关主管部门对"文化走出去"的倡导和支持，多数动漫制作企业有"立足当下，做好国内，放眼全球"的想法，无论当前是否具备实力，对海外市场开拓都应拥有积极的心态，并借助国际通行的 Pitch Bible 模式在全球化路径中展现一番作为。在上游的内容制作中立足国际视野，在中游的宣发渠道中凝聚商业共识，在下游的衍生品开发中注重创意先行，提升自身原创能力，紧跟世界动漫产业发展步伐，对参加海外节展能做到"有备而去，去则有所得"。

参考文献：

[1] 拉里·A. 萨默瓦，理查德·E. 波特，埃德·温麦克丹尼尔. 跨文化传播 [M]. 北京：中国人民大学出版社，2013：143.

[2] 石德生. 大数据下中国动漫产业国际化发展路径创新 [J]. 现代经济探讨，2017（3）：10–13.

[3] 艾瑞咨询. 中国动漫行业研究报告 [R]. 中国：艾瑞咨询研究院，2018.

[4] 行业·窥探国际动画产业链之动画 BIBLE 的创作开发 [EB/OL].（2017–11–29）. https://mp. weixin. qq.com/s/eSvcf7 1nu2Y4l3IC4y9u7g.

[5] 朱婷婷，刘莉. 日本动漫产业初探——兼论对中国动漫产业的启示 [J]. 沈阳建筑大学学报，2017（2）：19–25.

[6] 厉无畏. 文化创意的产业化与产业创新 [J]. 同济大学学报（社会科学版），2009（1）：41–44.

健康传播视域下中国家庭代际数字代沟分析

——以"新冠肺炎疫情"为例

王 科

（北京印刷学院 北京 102600）

【摘要】在当今这个老龄化与数字化并行的时代，老年人的数字融入问题逐渐被整个社会所认识，技术越来越新、年龄越来越老似乎已经成为一种必然的趋势。而青年群体和中老年群体对健康信息的感知与认知存在着较大差异，后者对于媒介的接触程度较低，对健康信息的认知在时间上具有明显的滞后性，在此次疫情中也尤为凸显。青年群体和中老年群体对疫情严重性的评价也存在着很大不同。健康传播的信息壁垒和代际的认知差异并非个体现象，而是一种泛在的社会现象，在一定程度上是由于个体心理因素、媒介接触、媒介话语等多重因素的相互作用而产生的。本文在健康传播视角下分析疫情中所体现出来的家庭代际数字代沟。

【关键词】代沟；数字鸿沟；媒介

一、引言

随着媒介技术的不断发展和更新，我国的媒介化社会呈现出相互矛盾的两大趋势，即人口结构越来越"老"，媒体形态越来越"新"。在以青少年人群为主的"数字原住民"所引领的新媒体浪潮中，中年"数字移民"亦步亦趋，而老年"数字难民"则被日益边缘化。同时，因新媒体介入和使用所导致的知识、文化乃至价值观差异，不仅引发家庭亲子间的摩擦与矛盾，也会诱发社会群体之间的误解与冲突。国家统计局发布的人口数据显示，2018年年底，我国60周岁及以上人口达到24949万人，占总人口数的

17.3%。在未来，老龄化可能引发一系列的社会问题。其中，不断加剧的数字代沟是其中的一个难题。

二、家庭代际数字鸿沟的概念分析

2001 年，马克·普伦斯基发表了一篇名为"数字原住民（居民），数字移民"的文章，在这篇文章当中，他将数字时代的居民分为五类，分别为：数字原住民、数字移民、数字难民、数字桥梁和身份不确定者。其中，"数字原住民（Digital Natives）"和"数字移民（Digital Immigrants）"的概念被广泛传播，他们所反映的正是代与代之间的数字鸿沟问题。数字原住民指在数字时代成长的青年人和学生，他们对于数字技术的使用非常熟练，能够易如反掌地掌握各种通信工具。数字移民则指的是那些在成长阶段没有接触过数字技术工具，但在成人之后努力学习数字技术的人们，他们对于数字技术的运用虽然不如数字原住民，但可以与原住民进行有效沟通。

而当今时代的大部分老年人属于"数字移民"，智能手机的普及时间是在 2013 年，老年人基本是近年来开始使用智能手机的，因此也是在近年学习新的数字技术，当然，仍然有一部分老年人在使用普通手机。而在 20 世纪 90 年代之后出生的一代基本上可以算数字原住民，"90 后"算是与智能手机、互联网、数字技术同时成熟的一代人。

（一）代际

代际关系，指两代人之间的人际关系。通常一代指二十年，但代际关系的两代，泛指老年人与年轻人，如家庭中的父母辈或祖父母辈与儿女、孙子女辈的关系。代际差异产生代际关系。"代"指的是一定社会中具有大致相同年龄和类似社会特征的人群，具有自然和社会两重性。不同代人由于所处的社会文化环境不同，在价值观念和行为方式上存在差异。我们把这种差异称作"代差"或"代沟"。代际差异广泛地存在于人类历史，特别是工业革命以来的社会巨变时代中。两代人之间对社会巨变所持的不同看法，导致思想和行为方式上的矛盾和冲突，这就是"代际冲突"。社会巨变是代沟以及代际冲突出现的前提条件。

在我国的历史文化中，我们将"代"分为自然"代"和社会"代"两种类型。自然的"代"指的是人的辈分关系，也就是父子、爷孙这种辈分关系。

而社会的"代"则被赋予了社会和文化内涵。从自然属性上看，人类一代一代的延续、父辈子辈的形成是自然天成的，而社会的"代"则是时代和文化塑造而成的。每代人所处时代的不同，所接受和学习的事物不同，价值参考也会有所不同，因此导致"代差"的形成。

但是，有研究者指出，真正的代沟在时代、社会发生巨大变化是才容易产生，如中国结束 2000 多年的封建王朝时的人们更容易产生代沟。因为在变迁缓慢的社会中是不会或很少出现代沟的，更不会出现代际冲突。在停滞社会的时间流程中，人们可以预期的未来社会不过是过去社会的"复制"和自然流淌，一切伦理道德、文化习俗、社会规范、价值体系都是固定的、神圣不可侵犯的。年青一代只要通过学习就可以应付他们面对的一切。长辈在传承文化的同时，作为青年一代的榜样，其自身也是知识和智慧的化身。因此，在这种背景下是不容易产生两代人的冲突的。

然而，在巨变的社会条件下，传统的社会规范、价值体系受到冲击并发生断裂。年青一代面临的是一个全新的社会，这个社会有新的价值体系、新的文化理念甚至新的行为方式。而我们从父辈那里学习的经验、方法无法适应新社会、新时代的要求时，他们就会通过其他途径学习，进而更好地适应社会，这样的过程就会形成"代差"或"代沟"。而父辈的思想、价值观若不加快与现代社会适应，就会加大这种数字代沟。

每一种历史文化现象都有其产生的深刻原因。"代沟"及"代际冲突"作为工业革命以来人类社会出现的社会文化现象，具有不可逆转性，也就是说，人类科学革命所带来的社会持续进步，使每代人所置身的环境总是不同，由此，不同代人对社会变化的感受势必存在着这样或那样的差别。尽管这种"代差"在不同国度、不同社会背景下所表现的方式不尽相同，但"代差"的普遍存在却是相同的。

（二）数字鸿沟

数字鸿沟，是指在全球数字化进程中，不同国家、地区、行业、企业、社区之间，由于对信息、网络技术的拥有程度、应用程度以及创新能力的差别而造成的信息落差及贫富进一步两极分化的趋势。该词源于美国著名未来学家托夫勒于 1990 年出版的《权力的转移》一书，该书提出了信息富人、信息穷人、信息沟壑和数字鸿沟等概念，认为数字鸿沟是信息和电子技术方

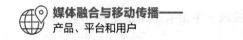

面的鸿沟，信息和电子技术造成了发达国家与欠发达国家之间的分化。

数字鸿沟是信息时代的全球问题，不仅是一个国家内部不同人群对信息、技术拥有程度、应用程度和创新能力差异造成的社会分化问题，更为尖锐的是全球数字化进程中不同国家因信息产业、信息经济发展程度不同所造成的信息时代的南北问题，其实质是信息时代的社会公正问题。它涉及当今世界经济平等、对穷国扶贫和减免债务、打破垄断和无条件转让技术等诸多重大问题。

（三）数字鸿沟到数字代沟的概念延伸

时代与环境的急剧变化、现代化进程的推进、社会的不断转型，导致不同代人之间在价值、思维、行为取向、文化喜好的选择方面出现了各种差异。

随着媒介技术的不断发展与更新，我国的媒介化社会呈现出相互矛盾的两大趋势，人口结构越来越"老"，媒体形态越来越"新"。在以青少年群体为主的数字原住民引导的新媒体浪潮中，老年数字群体逐渐被边缘化。同时，由于新媒体的介入和使用所带来的知识、文化、价值观等差异，不但引发家庭两代人之间的矛盾，也诱发了社会群体之间的误解，如过去"90后"被称作"垮掉的一代"，而新冠疫情中"90后"冲锋陷阵、披荆斩棘，社会群体对"90后"有了新的认识。而对于老年人群体，由于老年人与年轻人所接触的媒介信息有所差异，因此在数字时代的观念也会产生差异。

但是这种代沟不一定在不断加深，其实，现在很多老年人也学会了使用智能手机。他们也学会刷微博、看短视频，有的老年人甚至成为自媒体的成员，他们也能够成为一名创作者。这就体现出我们所阐述的数字代沟也并不完全存在于每一个人身上。因此，笔者做了一个调查，通过调查不同年龄阶段对疫情信息的敏感度和接收途径的差异来对研究假设进行分析论证。

三、研究方法

此次研究采用了问卷调查法，问卷发送给不同年龄层的人（N=513），一共设置了 9 个问题，最后将这 9 个问题的结果进行 SPSS 分析，以得出不同年龄段的人对疫情信息的感知和获取的差异，进而探讨微观层面的数字鸿沟问题。

四、数据分析

为了考察不同年龄阶段的数字代沟，数据样本人口特征来自全国各地，并且覆盖各个年龄阶段。本调查样本数为 513 人。见表 1、图 1。

表 1　受访人口年龄特征

选项	小计（人）	占比
25 岁以下	50	9.75%
25—35 岁	88	17.15%
36—45 岁	108	21.05%
46—60 岁	139	7.1%
60 岁以上	128	24.95%
本题有效填写人次	513	

图 1　受访人口地域特征

新冠肺炎疫情来势汹汹，但是真正受到大部分人的重视，大概是武汉封城左右。因此，笔者将关注疫情时间段划分为 2019 年 12 月月底、疫情高发期以及武汉封城前后。图 2 是不同年龄阶层关注疫情的时间差异，从图中的数据可以看出：在 2019 年 12 月月底就关注了疫情信息的人群中，25 岁以下的受访者有 38.46%，25~36 岁的人有 33.33%，35~46 岁的人没有在 2019 年 12 月底关注到疫情信息的，45~60 岁的人有 14.29%，60 岁以上有 22.22%。在 2020 年 1 月 19 日，也就是武汉封城前就在关注疫情信息的，25 岁以下的有 38.46%，25~36 岁有 33.33%，36~46 岁没有，46~60 岁有 14.29%，60 岁以上有 22.22%。

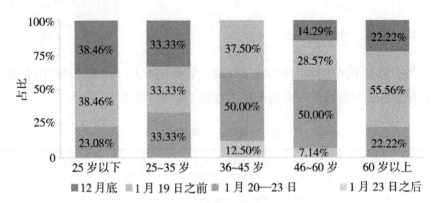

图2　关注疫情新闻时间差异

　　由此可以进一步分析出，35 岁及以下的年轻人相对最早开始关心疫情。早期的疫情消息主要是零星地出现在某些新闻报道上，也并没有引发热议。而中老年人更多的是在武汉封城之前，也就是各大新闻媒体大规模报道疫情消息时开始，这个时候，电视、手机、互联网等载体都开始不断地出现疫情信息，疫情受到大面积的关注。

　　如今，自媒体、短视频崛起，改变了人们获取信息的方式，我们可以通过微博、抖音等各类新的平台获取信息。但是，老年人群体对这种技术的高速发展的接受能力是相对较弱的，甚至现在有的老年人还在使用老式手机，手机功能单一，获取信息的途径也就相对少了，很多老年人仍然是通过电视获取新闻。

　　但是以上数据也不能绝对地说明老年人群体获取信息滞后，还需要考虑到其他影响因素，比如老年人也可能是由于子女的提醒劝说而提前获知疫情信息，一些老年人也在尝试使用智能手机并刷短视频、浏览网页新闻来获取信息。

　　由图 3 可知，在 2019 年 12 月底开始佩戴口罩的人群中，25 岁以下有23.08%，25~35 岁的有 50%，36~45 岁的有 12.5%，46~60 岁的有 14.29%，60 岁以上没有。在 2020 年 1 月初开始戴口罩的人群中，25 岁以下的占30.77%，25~35 岁的占 16.67%，36~45 岁的占 50%，46~60 岁的有 35.71%，60 岁以上有 33.33%。在武汉封城前才开始佩戴口罩的人群中，25 岁以下的有 23.08%，25~35 岁没有，36~45 岁的有 12.5%，46~60 岁的有 14.29%，60 岁以上的有 55.56%。武汉封城后佩戴口罩的人群中，25 岁以下的有

23.08%，25~35 岁的有 33.33%，36~45 岁的有 25%，46~60 岁的有 35.71%，60 岁以上的有 11.11%。

根据数据可以发现，在 2019 年 12 月份就开始佩戴口罩的人群，更多地集中在青年和中年，老年人更多的是在武汉封城前的时间开始戴口罩。相比之下，年轻人更加主动积极佩戴口罩。

由图 4 可知，通过新闻报道第一次得知疫情消息，25 岁以下有 38.46%，25~35 岁有 33.33%，36~45 岁有 62.50%，46~60 岁有 35.71%，60 岁以上有 11.11%。通过微博热搜得知疫情信息的，25 岁以下有 38.46%，25~35 岁有 16.67%，36~45 岁没有，46~60 有 14.29%，60 岁以上有 33.33%。通过微信公众号、微信群、朋友圈得知疫情信息的，25 岁以下有 15.38%，25~35 岁 33.33%，36~45 岁有 12.5%，46~60 岁有 36.71%，60 岁以上有 33.33%。通过亲人和朋友得知疫情信息的，25 岁以下有 7.69%，25~35 岁有 16.67%，36~45 岁有 25%，46~60 岁有 14.29%，60 岁以上有 22.22%。

互联网时代，人们获取信息的方式、途径发生了翻天覆地的变化，从图 4 中我们可以看到，年轻人更加偏向于通过微博来获取信息，而中老年人更多的是通过新闻报道以及微信朋友圈、微信公众号来获取信息，也进一步体现出，不同年龄阶段的人使用的媒介种类的不同。

根据图 5 可知，疫情期间，25 岁以下有 38.46% 的人抢购过大米、双黄连等物品，25~35 岁有 16.67%，36~45 岁有 50%，46~60 岁有 50%，60 岁以上有 55.56%。

疫情期间，出现过一些谣言，如双黄连口服液可以预防感染等。而在那几天，也不断出现一阵又一阵的抢购风波，而有信息分辨能力的人更清楚这只是特殊时期的谣言，但仍然有许多人盲目地进行抢购，图 5 就是被调查对象的抢购情况，可以发现，进行过抢购行为的人群在中老年人群体当中占了多数。

通过这组数据可以分析出，老年人依旧是轻信谣言的群体，2016 年的一项调查显示每个月在微信转发五条以上谣言的用户，有 80% 是超过 50 岁的中老年人，主要原因是现在的老年人更加注重健康保养，而这些谣言又带有很强的煽动性，老年人不太了解谣言背后的运营操作手段，所以容易被蒙蔽。

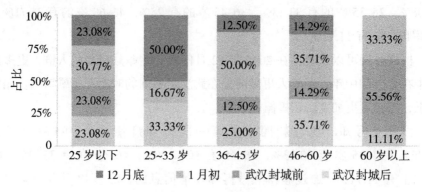

图 3　不同年龄阶段戴口罩时间差异

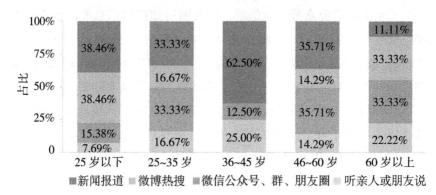

图 4　不同年龄阶段得知疫情信息途径

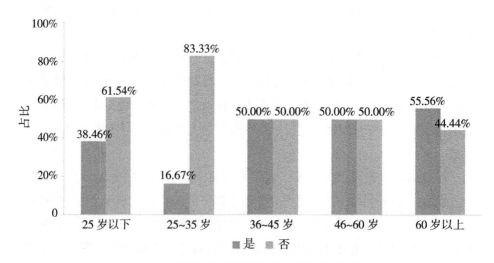

图 5　疫情期间是否抢购过过双黄连等物品

根据图 6 可知，25 岁以下的人有 47.62% 使用微博获取信息，25~35 岁更多的是通过浏览器还有短视频获取疫情信息；而 36~45 岁和 46~60 岁更偏向于通过短视频平台、浏览器获取疫情信息；60 岁以上的人更偏向于通过微信、电视新闻来获取疫情信息。

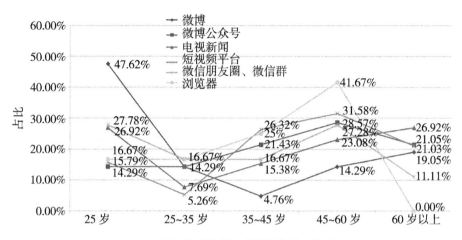

图 6　不同年龄阶段获取疫情信息的途径差异

通过这一组数据，可以发现年轻人更偏向于微博、短视频等新媒体平台，而中老年人除了观看电视之外，更偏向于选择短视频类媒体来获取信息。

可以发现老年人获取信息的方式在发生转变，短视频已经普及到老年人这个群体，相对于传统的大篇幅文字性的东西短视频凭借其快、短、有声音的特点，更容易吸引老年人，操作也简单，只需要打开软件上下滑动即可。

五、结论

过去，很少有人去思考代沟为什么存在，在新媒体时代，这一现象已经发生了变化。本研究从代沟的概念引申到数字代沟，通过问卷调查去分析当前的数字代沟的现状，聚焦于此次疫情期间的媒介信息敏感度、媒介接触方式、谣言分辨能力等方面来分析不同年龄层的人们的差异。

通过此次调查的数据分析，可以发现数字代沟是仍然存在的。通过此次调查，可以分析出，年轻人对疫情的感知更加敏锐，预防更加及时；此外，重大灾难事件往往会伴随各种流言、谣言，并且出现抢购风波，从数据上看，老年人更容易相信谣言、跟风抢购，年轻人的信息分辨能力更强，不太容易出现跟风抢购等行为。

但是，通过此次的分析，可以发现代际数字代沟并没有不断加深，而是在慢慢减小。我们可以发现，曾经我们认为连智能手机都用不好的老年人，也开始在使用短视频、微博等新媒体平台。时代在进步，技术在进步，年轻人在与时代同步，老年人群体也在慢慢地接触新事物。

参考文献：

[1] 段京肃. 大众传播学：媒介与人和社会的关系 [M]. 北京：北京大学出版社，2011：128.

[2] 王跃生. 农村家庭代际关系理论和经验分析——以北方农村为基础 [J]. 社会科学研究，2010（4）：116-123.

[3] 邓伟志. 社会学辞典 [M]. 上海：上海辞书出版社，2009.

[4] 周裕琼，林枫. 数字代沟的概念化与操作化：基于全国家庭祖孙三代问卷调查的初次尝试 [J]. 国际新闻界，2018，40（9）：6-28.

新冠肺炎疫情期间我国对外传播新尝试

——以新华社《病毒往事》为例

英子涵

（北京印刷学院　北京　102600）

【摘要】：2020 年新型冠状病毒肺炎（以下简称新冠肺炎）疫情暴发，造成了全球性的公共卫生危机。新冠肺炎成了和每一个人生命健康都息息相关的世界性话题，各国媒体用不同的报道框架呈现疫情相关的新闻。从目前的证据来看，疫情只不过是在中国最先呈现了暴发的趋势，但是在国际的舆论场中，各国媒体，尤其是某些以美国为首的西方媒体对于中国的疫情报道充满了偏见与误解，甚至故意"抹黑"中国。面对无端的指责与污蔑，中国开始尝试新的对外传播话语体系与新闻框架。新华社用官方账号在国际社交平台推特上发布了《病毒往事》动画片，在动画中说明中国在第一时间分享和公开了疫情信息，美国疫情的失控完全是政府不作为的结果。中国政府一改"被动澄清"模式，公开、主动地在国际平台中发布态度强硬、观点明确的信息。视频发出之后，引起了很大的反响。

【关键词】对外传播；《病毒往事》

一、《病毒往事》——对外传播新尝试

2020 年 4 月 30 日，新华社在国际社交平台推特上发布了动画短片《病毒往事》，通过乐高动画一问一答的形式，展现了中国从疫情发生以来一直积极寻求与国际各国的合作，公开透明地分享数据，而在同一时间段，美国政府无所作为，将主要精力都放在了嘲讽与黑化中国上，国内疫情失控之后恼羞成怒想要"甩锅"中国的事实。

该视频发出之后，引发了很多国内外媒体的关注，截至 5 月 28 日，该

动画观看量达 205 万次，获得了 3.6 万次的转发和 5 万次的点赞。根据统计，除了新华社以外，有 37 家媒体，报道了 78 篇有关《病毒往事》的新闻。由此可见《病毒往事》确实起到了一定的传播效果。

在该视频的评论区中有着很多不同的意见，舆论风向并没有一边倒地向着中国，但是能引起如此广泛的关注，还能引来大批国内外普通群众的讨论，就已经说明了《病毒往事》的传播是具有效果的，我国对外想传递的信息被受众切实地接收到了。这是我国对外传播的一次成功，《病毒往事》的闪光点如下。

（一）叙事方式西化与新媒体化，增强内容可接受性

动画的形式和乐高玩具的形象，本身就非常符合美国普通受众的观看习惯。这次，新华社一改平时较为严肃的文字报道，换成有着标准美式配音的动画短片，一下就能引起国外受众的兴趣，提高了信息传播的精准性。动画短视频的娱乐性，很大程度上缓和了影片的政治性，即使是对中国有着偏见的外国受众也能在娱乐性的驱使下完成观看。

从《病毒往事》与其他新华社推特官方账号发布内容悬殊的传播量就能看出，我国经常使用的官方话语体系在国际新媒体平台并不完全适用。像推特这种国际性新媒体平台的用户大都是爱好娱乐、推崇个性的年轻人，而过于严肃的语言风格难以得到新媒体平台用户的青睐，这会大大削弱我国媒体在国际新媒体平台的影响力，甚至会导致外国受众对我国主流媒体产生刻板印象，降低我国主流媒体在海外的影响力与公信力。所以对外传播不但要用，更要用好新媒体平台，尝试运用多种信息展现的方式，降低受众获取信息所需要的时间、精力成本。年轻化的话语表达和简短轻松的动画更能使信息在新媒体平台中引起关注，从而让受众更好地听见中国声音。

（二）重视国外的普通群众，拓展对外传播新受众

这样的叙事方式与传播渠道的选择，说明了《病毒往事》的主要受众不是美国的政治家，而是美国的普通大众。站在外国受众的角度去思考如何提高我国对外信息传播的到达率是非常正确的入手点。受众在多元信息的帮助下，才有可能发表出真正公平与公正的言论。而这样的言论甚至可以反过来影响受众所在国家在对外传播中的所作所为。在《病毒往事》的评论中，很多国外的用户对视频中的信息表示赞同，对中国的遭遇表示理解，并声讨美

国政府的不作为。例如，有的用户评论道：令我感到难过的是中国告诉了我们事实。

（三）主动出击，一改被动回应的局面

《病毒往事》制作目的虽然仍是回应美国的种种污蔑，但是这次是中国主动、公开通过权威媒体，在国际性社交平台上发出声音。在其他国际媒体对该事件的报道中，中国作为主语，谓语动词并没有采用平时常用的"respond"而是采用了"mock""swipe"等更具有主动性的词语。这次点名道姓地回应美国，让很多国内的网友看完这个视频都大呼痛快。

二、疫情期间中国对外传播的困境

（一）新冠肺炎疫情逐渐成为政治话题

根据 Factiva（道琼斯）的数据显示，新冠疫情有关报道的主题除了新型冠状病毒和医疗卫生以外，还包括政治、经济、体育等多个领域，新冠肺炎疫情本身属于世界公共卫生危机，但是从数据中也可以看出，将政治视角作为新冠疫情报道切入点的新闻数量不少。以美国为首的西方国家，在涉及中国疫情的报道中，重心偏离，与其说是报道中国的疫情不如说是报道疫情下的中国。而且西方社会还以新冠肺炎疫情事件作为契机，发表关于中国香港地区等问题的不当言论，企图干涉我国内政。新冠肺炎疫情作为一个公共卫生事件，却由于国际舆论场中各种力量的交织变成为了一个具有政治性的话题。《病毒往事》的主题就顺应了这一特点，这种以政治视角为切入点来讲述事实的新闻作品，可以更好地参与到国际舆论的较量之中，回应问题，解决冲突。

（二）以美国为首的西方社会是涉华报道态度负面的主导

《海外媒体涉华新冠肺炎报道的话语建构与框架分析》一文在对涉及中国的媒体报道的内容进行研究时发现，69% 的报道呈现出负面框架，客观中立的报道占比 29%，积极正面的报道仅占 2%。以美国和英国为首的西方媒体，对于新冠疫情的涉华报道数量远高于其他国家，英美媒体机构发布相关报道占整体报道的 18.5%，是在国际舆论场中重要的舆论产生力量与舆论引导力量。

三、《病毒往事》的成功对我国对外传播的启示

（一）中国国际形象的建构要依靠"自塑"而非"他塑"

《病毒往事》大获成功的主要原因就是在新闻作品中体现出的对外传播主动性，这种强势的对外传播模式和以往相比略显不同。在国际舆论场中，中国对外传播的模式比较被动，主要采取的是"刺激—反应"模式，很少利用本国国际性媒体主动发声，很少在国际性新闻报道创作中主动使用带有主见的报道框架和报道议题。在Factiva（道琼斯）数据库中与中国外交部相关的，以"coronavirus"为主题的新闻报道的关键词有"lengthy rebuttal"（漫长的反驳）"virus politico"（病毒政治）"preposterousal legation"（荒谬的指控）"new coldwar"（新冷战）等。从这些关键词也可以看出，中国对外传播一直是以对"刺激"的"回应"为主。

这种"刺激—反应"的模式，是一种在对外传播中对于传播主动权的放弃，是一种被动的回应，而不是主动的出击。如果中国在国际社会中的形象构建主要源于"他塑"而非"自塑"，会使国际舆论场中建构的中国形象出现巨大偏差。

（二）在对外传播中对普通群众的重视

对外传播的受众不只包括各个国家，还包括各个国家中的普通群众。在网络技术不普及的过去，由于时间、地域和语言的限制，普通受众对国际新闻的接收主要来自本国的政府和本国的官方媒体。各国都会有意无意地将对外传播中的信息内容根据本国的报道框架进行改造与筛选，所有的国际信息在被普通受众接收时都会出现一定程度的减损。由于信息过于单一和片面，使得受众无法进行理性的批判，更无法参与到国际社会的舆论讨论中来，处于一种被动的信息接收地位。但是在网络的赋权下，各国群众可以随时随地接收来自世界各地的一手信息，在网络中有些信息能较好地保持其本来的文本内容与叙事框架，拓宽了各国群众的信息源。多维度的信息可以帮助各国群众更好思考。各国群众表达自己意见的权利也在网络中得以实现，普通受众逐渐成为对外传播受众的主体，而他们产生的民意也成为各国对外采取外交策略的重要影响因素之一。

网络技术是一把双刃剑，笔者认为如果我们能利用好网络技术，对国际形象塑造与舆论引导都非常有益处。因为中国从来都是言行合一的国家，在网络中，中国的行为可以作为符号与信号被国际中的普通受众直接获取，带有第三方主观认知的解读行为会减少，从而会缩小"我塑"与"他塑"的偏差，提升我国主流媒体在对外传播中的影响力，掌握舆论宣传主动权。

（三）新媒体时代下，用西方的话语讲好中国的故事

习近平总书记在全国宣传思想工作会议上明确提出了"加强话语体系建设，着力打造融通中外的新概念、新范畴、新表述，讲好中国故事，传播好中国声音，增强在国际上的话语权"的要求。要想让西方世界听见我们的声音，就要用他们能理解、能接受的话语体系去阐述。只有让西方社会接收到了中国传递的信息，才有构建良好国家形象，适当引导国际舆论的可能。我们要转换角度，研究中西方文化之间的差异，完善跨国传播的技巧，寻找各国之间感情上的共鸣，构建出具有中国特色的对外话语体系。

《病毒往事》在推特上的火热传播也提示我们，中国对外传播要善于运用网络社交媒体，积极拓宽传播渠道。网络媒体的去中心化、分众化和交互性更能满足当今社会广大群众获取信息的需求，所以网络媒体尤其是网络社交媒体就成了国际事件发酵、对舆论产生引导和进行国际新闻议程设置的好地方。对外传播中的话语结构不仅要西方化，还要新媒体化。要改变过于政治与官方的话语模式，根据不同平台用户的特性有针对性地生产高质量原创内容，真正地使我国对外传播渠道实现全方位和立体化，切实提升我国对外传播信息的到达率，不做无用之功。在善于运用海外平台的同时，也要积极扩展国内媒体平台的知名度，如微信、微博等。谁掌握了传播入口，谁就掌握了传播的主动权。以美国为代表的西方社会凭借其强大的技术与资本的扶持，率先抢占了世界新媒体的高地。很多国内的用户反映自己的推特账号会出现账号无理由地被封，评论被删除等状况。如果总是让以美国为首的西方社会掌握着世界性的媒体平台，也会削弱我国在新媒体方面的对外传播影响力。

（四）从被动到主动的心理改变

我们要转变被动思维，主动参与到对他国和本国热点事件的议程设置中，维护本国的话语空间，占据热点事件的传播主动权。重视国际舆论的作用，并敢于主动引导舆论。不要无理由地惧怕，也不要过度地谦逊，要按照国际舆论场中的信息传播方式去发声。这是一种传播思路的转变，是中国从被动走向主动的心理变化过程，有助于提高我国的国际影响力，将一些谣言扼杀在摇篮中。中国有句古话叫"欲加之罪何患无辞"，对于谣言的澄清和对于抹黑的谴责永远都没有结束的一天。这些谣言和污蔑性的新闻内容会对我国在国际中的大国形象产生影响，加剧国际社会对于我国的误解和曲解，甚至还会影响到我国的国家安全和国内社会的安定。我国在对外传播中除了要有"你说谣言一千遍，我就敢澄清谣言一千遍"的决心与耐心，更要在对外传播中争取到话语的主动权，不被其他国家的舆论"牵着走"。

四、总结

新冠肺炎疫情是全球的公共卫生危机，不是某一个国家的危机，在全球化的背景下没有哪个国家能做到隔岸观火后全身而退，所以互相的指责是没有用的。面对大量的污蔑与抹黑，中国发布了《病毒往事》，收获了良好的反响，引来很多的关注与讨论。《病毒往事》的成功，为以后我国在对外传播中的行动做了很好的示范。深思《病毒往事》整体传播过程发现，首先，要学会利用国际性的社交媒体，对外话语体系要灵活，针对不同国家的受众，在不同的媒介传播渠道，要用不同的框架。其次，在进行大国与大国之间的博弈时，也不要忘记普通的受众，技术赋权，他们有可以影响到国家整体行为的舆论力量。最后，要从根本上转变"刺激—反应"的模式，学会掌握传播主动权。

参考文献：

[1] 李洋. 从当前国际舆论环境看国际传播着力点——基于对新冠肺炎疫情期间海外舆情的分析 [J]. 对外传播，2020（4）：13-16.

[2] 毛伟 . 海外媒体涉华新冠肺炎报道的话语建构与框架分析 [J]. 中国记者，2020（4）：82-86.

[3] 郭可 . 国际传播导论 [M]. 复旦大学出版社，2004：71-72.

[4] 程曼丽 . 战 "疫" 中的国家形象传播 [J]. 中国记者，2020（4）：87-90.

[5] 肖晞，宋国新 . 新冠肺炎疫情防控与中国大国形象塑造——基于信号表达的理论与实践 [J]. 吉林大学社会科学学报，2020，60（3）：5-18，235.

论新媒体环境中的相声传播

——以德云社为例

张新慧

（北京印刷学院　北京　102600）

【摘要】传统的相声节目的传播渠道是剧场内面对面的人际传播及通过电视、广播这样的大众传播媒体进行的大众传播。但是在新媒体环境中，相声传播在渠道、受众、内容和媒介技术上都具有了新的特点。新媒体环境给相声提供了崭新的运作条件与经验，相声艺术也通过其自身的复兴来适应当下的媒体环境。于是一种贴着传统艺术标签的现代娱乐样式迅速受到关注。德云社就是在其传播过程中，巧妙利用了新媒体时代的传播工具，在网络以及现实社会里，使更多年轻人接近相声、了解相声，唤起人们对相声的热情。本文以德云社为例进行分析，该案例的成功，便是由于其找到了相声与新媒体传播的结合点，并以此对新媒体环境中相声传播提出创新举措，以期将相声这一传统语言艺术和文化特色能够更好地进行传播。

【关键词】新媒体；相声传播；德云社

一、新媒体环境中相声传播的特点

相声是一门蕴含悠久历史文化与人民智慧的语言艺术，不仅具有娱乐功能，还一直作为传播、延展文化的载体，具有文化传播的功能。新媒体环境为相声传播提供了新的契机，相声传播在渠道、用户、内容和技术方面也都呈现出了新特点。

（一）相声传播的渠道更加多维和立体

相声的传播渠道从街头、茶馆、园子等，到体育馆、文化宫，再到广播和电视，最后到今天的新媒体，形成了包括手机、电脑、电视、线下剧场等在内的多维的、立体的传播方式。相声的传播渠道越来越广、越来越立体，受众可以随时随地以多种形式收看或收听相声。相声传播也经历了一个由群体传播到大众传播再到包含了人际传播、群体传播、大众传播等在内的立体、多层次化传播的阶段。加拿大传播学者麦克卢汉提出：媒介即信息。传播渠道的改变，带来传播氛围的变化，人们在这种变化中寻找群居体验、社会认同。

（二）受众的互动性增强、受众需求更加个性化

在传统的相声传播时期，听众只能通过相声传播者的安排而被动地接受，不具有主动性，而新媒介环境中的相声赋予听众自主性，增强了听众的个性化，听谁的相声、喜欢何种口味的相声、通过何种方式听相声，都是由听众决定的。听众的个性化需求进一步激发了相声表演者创作的个性化。同时，受众的主动意识也越来越强，他们很大程度上也影响了相声的创作和演出。例如，我们可以在很多相声中看到有借鉴网络热词和热梗的影子。网络为受众之间的互动交流提供了空间，不同地域、年龄、身份的受众能够在网络空间中交换听相声的体验，引起共鸣，产生认同，这种交流互动又是超时空的。

（三）相声传播的内容变得碎片化

听众获取相声的目的是娱乐，对于相声的说教意义并不十分在意，因此在新媒介环境中，听众可以根据自身需要获取相声资源。新媒介环境中的相声内容、表演技巧、相声内涵都呈碎片化特性，这种特性符合当下听众欣赏相声的时间安排，即可以利用碎片化时间进行简单的心情放松。在传统相声时代，一段完整的相声表演需要 40 分钟甚至 60 分钟，但是新媒介环境下，如在喜马拉雅等音频平台中我们可以听到十几分钟的相声，在抖音、快手等平台上我们可以观看时长 1 分钟左右的相声。

（四）新技术实现内容的精准和差异化推送

新媒体环境下，受众的口味更加个性化，也具有差异化的特点。新媒体的各个平台也基于此，根据大数据描绘用户画像，利用算法实现精准推荐符合用户兴趣的内容，使内容呈现出差异化的特色，"千人千面"成为可能。例如，抖音等短视频平台就会根据用户的点赞、评论和观看行为推荐用户所喜爱的相声演员和相声内容，喜马拉雅、网易云音乐等平台也是如此。

二、德云社相声的成功转型

德云社可以说是在新媒体环境中相声传播的突出代表，正是德云社借助新媒体和互联网的发展，使处于低谷期中的相声回归大众视野。分析德云社的成功转型，对于相声这一传统文化的传播具有十分重要的意义。

（一）充分利用新媒体展开传播

2005 年左右，第一代互联网技术发展成熟。在这个技术背景下，德云社充分借助视频网站等新媒体的力量，重新唤起人们对于相声的兴趣与关注，郭德纲相声开始在网络媒介中迅速传播。他舍弃了"舞台"相声的传统，立起"剧场"相声的大旗，重新恢复传统相声自由交流的表演空间，以此重新营构起了相声演出空间中的群居体验和生活方式。有学者重新定义"剧场相声"的概念：相声作为表演艺术的价值体现渠道与方式，有物理学意义上的传统剧场，更涵盖了心理学意义上的各种现代传播途径，包括广播电视与互联网络上虚拟化的剧场。在 Bilibili 网站、优酷、腾讯、新浪微博、抖音、快手、喜马拉雅、网易云、知乎等各种网络平台上都可以看到来自现场观众自发录制的视频，供网络用户浏览观看。这种线上线下相呼应的方式深得大众网民们的喜爱与支持。这让德云社"让相声回归剧场"、做"真正的相声"的要旨更加深化。大范围的互联网传播，让受众的覆盖范围大大超过小剧场实际的观众人数。这样的传播手段，使德云社的品牌形象传播得更加广泛，更加深入人心。

（二）受众高度参与下的文化狂欢

传统社会等级森严，更加注重人们对于统治阶级的服从，因而也就更加青睐传统的信息"传递观"；而现代社会由于传播技术的更新和社会形态本身的变化，人们的自主性和理性精神得以培养和发展，因而更加注重传播的"仪式观"。在凯瑞的仪式观中，"传播"一词的原型便是"一种以团体或共同的身份把人们吸引在一起的神圣仪式"。如果说 Web 1.0 是传播者发挥绝对影响力的时代，那么 Web 2.0 是传播者与受众互动，受众开始影响传播源的时代，在德云社从小众化走向大众化的传播过程中，则是受众自发组织起来聚集成一个带有共同身份和文化标识的二级传播主体，这个二级传播主体主动利用传播媒介为一级传播主体造势并营造文化狂欢的现象。Web3.0则是以用户为中心,传播者按照用户的行为结果生产和推送内容,用户不仅影响传播源,也影响二次多次的信息接收者。

早期德云社是采用大流量轰炸推广,通过电台录音、媒体录播等形式,将其覆盖范围从小剧场扩散至北京、全国乃至世界各地。后来,部分受众开始自发组织起来,利用专业的拍摄设备以及后期视频剪辑工具对德云社的相声视频进行精加工,并在腾讯、抖音等视频平台上发布,使之更加适合移动端的观看、转发和扩散传播,在很短的时间内滚雪球似地吸引越来越多的受众参与到这场文化仪式的狂欢中去。

(三)认同感的驱使

媒介技术的迅速发展使得不同的人群"凭传播就能够创造出一个大的共同体"。借由新媒体的优势而火爆的德云社相声,就是采取了粉丝培养的模式,使用户对德云社具有强烈的认同感。德云社每年还会在北京开办"钢丝节"相声大会,这些粉丝的聚集就形成了一个共同体,并在接力传播中发挥着重要的作用。新媒体受众通过对某个相声演员的认同,而形成群体,这个群体继续吸引更多的受众。就当下而言,这个过程的即时性也在不断增强。评论形式从网络留言演变为审美过程中的弹幕,受众即时地发布自己对作品的感受和意见。这种互动形式本身就是以认同为目标,同时相声艺术的特点也能适应这种即时评论。

例如,有声语言的核心形式、内容的通俗性等,都大幅度地降低了评论对艺术欣赏的干扰。受众的相互认同对于通俗性强、强调娱乐功能的相声艺术来讲是比较容易实现的,于是互动性的互联网传播通过受众的相互认同增强了相声艺术的传播效果。另外,由于粉丝具有极强的认同感,他们的注意力被唤醒,会主动地参与到分享和传播德云社的相声的行为中去,包括在新媒体上转发相关的视频。

三、新媒体环境中相声传播如何创新

相声作为传统文化的优秀代表,在新媒体环境中如何通过数字化的新媒体和新兴技术对传播渠道和传播方式进行创新,让相声传播的路径更长、范围更广,使相声艺术不断焕发活力,是值得探索的。

（一）融合多重渠道

第一，充分利用喜马拉雅、荔枝、蜻蜓 FM 等在线电台的优势，结合用户的使用场景进行传播。在新媒介环境中，信息的传播要做到实时、快捷，用户获取信息也通常是碎片化的，用户在使用喜马拉雅等平台听相声的特点是随时可以听，而且不妨碍做其他事情，如步行在路上可以戴着耳机听，睡觉前可以听，开车上下班的途中也可以收听。要在平台中创建一系列的相声合集，并分割成许多小段，供用户选择。

第二，利用网易云音乐、QQ 音乐、酷狗音乐等音乐平台，懒人听书等有声读物平台，进行相声传播。相声不同于小品和电视剧，它不需要图像，仅借助音频就可以传播。所以，相声传播可以通过多种渠道。例如，网易云音乐中有许多的音频，用户在不想听音乐又不想安装其他软件的时候，可以选择收听相声。

第三，在腾讯、优酷等平台发布长视频，在抖音、快手等平台发布短视频，并且可以举办线上专场相声。对于腾讯、优酷等平台，如在某个地区演出的线下专场，可以以付费或者"付费 + 免费"的形式发布到线上，以供没有机会到现场的用户观看。对于相声表演中较为有趣的部分，可以在剪辑后发布到抖音等短视频平台，吸引用户浏览、转发。另外，可以举办线上专场演出，也像线下一样收取门票、限制人数，观众同样也可以实时互动。

第四，上线专门的相声平台或者 App。目前，专门的相声 App 有相声小品精选、评书相声戏曲全集、德云社相声、相声小品视频、最新爆笑相声等，数量较少而且用户体验不佳，在最新爆笑相声 App 的评论中，有用户写道："一直在寻找相声的专题应用，但一直找不到，只能从微博、B 站、喜马拉雅等平台上听，而且也不是很全。"因此可以在开发相声 App 上下功夫，可根据相声演员、地区或者班社进行分类，提供更加丰富的内容。

（二）引入新兴技术

第一，利用大数据挖掘用户需求，通过人工智能和算法实现用户的精准推荐。用户对个性化和差异化的需求越来越明显，信息推送也会变得分众化，这是趣味多元化世界发展的必然。这就要求实现相声的精准推送，给喜欢的人想要的内容。通过数据挖掘，了解观众的喜好和兴趣后进行创作，然后在社交平台或者专门的相声 App 上进行推送，更为直接和准确地为受众推送作品。

第二，充分发挥小剧场的优势，同时利用 5G 技术将网络直播与小剧场现场演出相结合。小剧场演出是相声表演最合宜的空间，通过对小剧场的演出实现网络直播，并且启动弹幕功能，相声表演者可以对弹幕内容进行"现挂"，起到剧场观看的效果。5G 技术使用户参与直播可以更加流畅，互动更快速。相声可以利用腾讯、抖音、花椒、斗鱼等网络直播平台，实现网络付费欣赏与实体剧场演出相结合。这既可保护相声创作和表演的版权，同时也能创新相声艺术的传播形式，为更多的相声表演者提供多种演出的渠道，促进相声作品的生产和完善。

第三，可以尝试运用虚拟现实（VR）和增强现实（AR）技术，实现相声传播和欣赏的全新体验。虚拟现实技术为人们提供一种虚拟但与现实生活十分相近的场景；增强现实技术不仅展现真实世界的信息，而且将虚拟的信息同时显现出来。如果能在小剧场里提供相声 VR/AR 直播，相声爱好者就可以克服场景限制，通过手机或者电脑就能进入实景氛围中，感受相声艺术的魅力。例如，在 2016 年 5 月，百视通就以 VR 技术直播了著名相声演员苗阜、王声领衔的青曲相声演出。

借助 5G 技术，除了 AR、VR、MR 这些沉浸感虚实相生的视听技术之外，还有更清晰的 4K、8K 视频，未来相声传播可以借助更强大的新媒体技术实现更加广泛精准的传播。

四、结语

而今，是传播的盛世。大众、分众、微众的三级传播方式并存，传统媒体、网络媒体、交互式媒体的三类媒介形式共谋。从郭德纲利用互联网颠覆传统相声的传播模式开始，相声传播在新媒体环境下有了新的特点，相声这个古老的艺术种类也开始逐渐寻求新的发展和传播模式。在"互联网+"时代，当传统的传播渠道开始乏力，渠道资源越来越有限时，新媒体可以通过综合各种渠道，利用新兴的技术，为受众们提供符合他们文化口味的相声节目，实现精准的传播。德云社的火爆不仅仅是简单的"节目热"，更是一个由移动互联网所倾力打造的"媒介现象"。

参考文献：

[1] 王芳.相声传播：传播规律与艺术规律的平衡 [J].新闻界，2015（24）：34-37.

[2] 耿波.相声艺术的产业化之路与日常生活再生产 [J].民族艺术，2009（3）：74-83.

[3] 吴文科.相声发展的现实理路：盘点与清理 [J].文艺理论与批评，2002（2）：110-117.

[4] 张云.浅析相声的现代传播——以德云社为例 [J].视听，2019（6）：211-212.

[5] 詹姆斯·W.凯瑞.作为文化的传播 [M].北京：华夏出版社，2005.

[6] 吴凡.浅析"互联网 +"时代方言相声节目的传播——以陈峰宁"南京白话热"为例 [J].今传媒，2015，23（10）：46-48.

[7] 黄旦.美国早期的传播思想及其流变——从芝加哥学派到大众传播研究的确立 [J].新闻与传播研究，2005（1）：15-27.

[8] 王振宇.论新媒介环境中的相声艺术传播 [J].现代传播（中国传媒大学学报），2016，38（8）：167-168.

[9] 王鑫，李丹阳.新媒体时代相声艺术的"守"与"变" [J].艺术广角，2017（2）：28-34.

[10] 胡赳赳.理想不死 [M].北京：中国华侨出版社，2012.

试析虚拟形象代言在餐饮广告中的应用

——以肯德基和麦当劳为例

杨 溪

（北京印刷学院 北京 102600）

【摘要】互联网将世界连接成一个"地球村"，人们接触到的文化种类越来越多，精神文化生活也越来越丰富，这给文化传播行业带来了许多机遇。广告业里，图文展示和真人代言已经不再是新奇的推广方法，只有拓展更加多元化的代言形象才能应对日益激烈的市场竞争，虚拟代言形象应运而生。本文以肯德基、麦当劳这两家实体餐饮企业为对象，梳理其使用虚拟形象代言情况，分析虚拟形象代言的产生原因，以及在实际应用中可能遇到的问题。

【关键词】虚拟形象；代言；肯德基；麦当劳

一、虚拟形象概念界定

虚拟形象，即并不存在于现实生活中的形象，可以是真人根据设定扮演的某个形象，也可以是利用数字技术创造出来的二次元形象。广义的虚拟形象泛指通过各类技术手段设计制作完成的具有人或动物外部特征的个体形象。狭义的虚拟形象是指通过计算机图形技术生成的具有人的外部特征的数字个体。

虚拟形象代言是企业根据品牌自身特点或者某阶段的推广需求而选择一个或几个虚拟形象作为品牌或某产品的代言人，如下文提到的肯德基和麦当劳，分别使用洛天依和叶修作为其某款产品的代言人。也有企业会根据其特定的需求创造出新的虚拟形象为其代言，如哔哩哔哩（Bilibili）网站的虚拟代言人"22娘"和"33娘"。

虚拟形象代言的出现为企业和广告业带来了新的选择，更使企业和广告业面临的新机遇和挑战。本文主要讨论餐饮产业使用已经存在的虚拟形象作为自己品牌或产品的代言人情况，这对于广告策划者要求更高，需要在企业和虚拟形象中找到联系点并思考如何利用它来吸引更多消费者。

二、虚拟形象代言在肯德基、麦当劳的应用现状

虚拟形象代言过去大多出现在网络产品广告中，如网络游戏、视频网站、音乐软件。实体产业使用虚拟形象代言时，多数会选择创作一个新的虚拟形象来契合企业或产品本身，如美国卡夫公司的"趣多多"饼干系列产品，自19世纪初巧克力豆曲奇在美国出现，随后便迅速成为最流行的曲奇，趣多多的代言人就是拟人化的趣多多饼干的造型。

中国本土品牌的虚拟形象代言更多出现在儿童商品中，如葵花药品中经常出现在儿童药盒上的"小葵花医生"、糖果品牌"熊博士"等。用已经存在的虚拟形象作为代言人的实体企业并不多，这一部分将以肯德基、麦当劳两家餐饮企业为例，分析这两家企业在中国本土应用已经存在的虚拟形象进行代言的情况。

（一）肯德基使用的虚拟形象代言：游戏人物、虚拟偶像

2013年，肯德基首次邀请两位真人大牌明星为其产品黄金脆皮鸡、吮指原味鸡代言，此后陆续更换了十多位明星代言人。对肯德基的官方微博和微信公众号内容进行梳理发现，2017年肯德基开始邀请虚拟形象代言人为其产品代言，虚拟代言人类型大致可分为两种：网络游戏人物代言和虚拟偶像代言。

网络游戏人物代言：2017年4月，肯德基首次邀请"阴阳师"手游中的游戏人物为其"欧气明星餐"代言，首条宣传微博评论数4000余条，与其官方微博的日常评论数相比，互动效果有明显进步。随后，肯德基在微博发起#来肯德基欧气爆棚#话题，鼓励网友们前往线下餐厅购买欧气明星餐参与活动，获得了1.2万数量的讨论。

在此之后，肯德基先后邀请《王牌战士》《一人之下》《食之契约》等约十款手游中的游戏人物为餐品代言，消费者可以通过购买对应餐品获得游

戏人物皮肤、游戏点卡等奖品。

虚拟偶像代言：以洛天依、乐正绫为代表的虚拟偶像近年来频繁出现在人们的视线中，这些虚拟偶像不仅发布了她们的歌曲、舞蹈视频，甚至出现在一些现场直播的演唱会、晚会中。2017—2018年，肯德基邀请虚拟偶像洛天依陆续为其手机 App、餐品代言，中途甚至为产品改编录制了新的歌曲《天生翅粉食谱颂》，并鼓励消费者前往线下门店购买餐品，摆出制定动作拍照上传到微博参与互动。

（二）麦当劳使用的虚拟形象代言：超级 IP 角色

2017年和2018年，伴随着国产动画超级 IP《全职高手》动画第一季和特别篇的播出，主角叶修代言了麦当劳"就酱薯条"和"黄金脆薯格"两款单品，"枪王"周泽楷担任了麦当劳"那么大甜筒"的代言人。2019年，麦当劳宣布正式委任叶修为2019年度薯类产品的代言人，这是麦当劳中国首次签约虚拟偶像来担任产品的全年代言人，在同类代言都被三次元一线明星垄断的背景下，麦当劳继续选择叶修这个虚拟形象作为代言人，足以说明虚拟形象代言带来的巨大经济效应。

三、虚拟形象代言出现的原因分析

（一）技术的成熟

虚拟形象的出现本身就是动画技术不断进步的结果，虚拟形象由最初的静态图片到带有声音画面的动画，再到现如今人们可以通过 AR、VR 技术实现与虚拟人物的互动，虚拟形象的可塑性、真实感都大大提升。同时网络技术的发展使得人们接触到这些虚拟形象的机会更多，通信技术让人们可以随时随地观看到这些虚拟形象，不受地理位置的限制，这让更多实体企业有应用虚拟形象代言的可能。

（二）亚文化的发展壮大

网络技术的发达让人们接触到更加多元的文化，网络文学、二次元动漫、网络游戏的受众群体以可见的速度发展壮大。"长尾理论"认为，由于成本和效率的因素，过去人们只能关注重要的人或重要的事，关注曲线的"头部"，而将处于曲线"尾部"、需要更多的精力和成本才能关注到的大多数人或事忽略。而互联网的出现让传播效率飞速增长，边际成本急剧下降，人们可以方便高效地搜索到需要的信息和商品，从而为小众、离散、海量的"利基市场"的存在创造了条件。这些零散的流量甚至足以创造出逾越主流市场的价值。虚拟形象代言的应用将给企业带来更年轻、更有消费力的消费群体。

（三）成人儿童化的出现

成人儿童化现象最早出现在 20 世纪末期《泰晤士报》上刊登的一篇广告文中，它最早包含两层意思：假装成熟的孩子以及孩童化的成年人。

随着时间的推移，它越发偏向于指成年人的行为儿童化，即拥有着成年人生理特征的群体在行为以及价值观上仍然保持着儿童的特性。这类群体大多集中在 18—40 岁的年龄层，多数是大学生或者工作人士，这些人拥有独立生活的能力、较高的知识水平，并且重视个人形象，生理上虽然已经成熟，但始终童心未泯，喜欢儿童的玩具、游乐园，喜欢儿童化的服饰。这种现象使虚拟形象代言面向的受众群体进一步扩大，成人的经济实力更强，而"儿童化"的特性让他们更愿意为自己喜欢的虚拟形象消费。

四、虚拟形象代言在餐饮广告应用中可能存在的问题

（一）虚拟形象与品牌形象匹配度低

对比根据品牌需求创造出的虚拟形象，已经存在的虚拟形象拥有比较固定的外形和风格，应用在代言中可能会出现与品牌或者产品"违和"的情况。在实体产业中这种现象尤为明显，虚拟形象由于其"虚拟性"，没办法真正使用实体产品，因此在代言实体品牌时会出现可信度低的问题。例如，上文提到为肯德基代言的洛天依，本身以一个情感丰富，看起来有点冒失和天然的 15 岁少女歌手的形象出现，人们很难把这一形象与西式快餐结合在一起，这种"违和"可能使品牌的宣传效果受限。

针对这一问题，肯德基也做出了对策，品牌根据洛天依虚拟歌手的身份特点，发布了一首《天生翅粉食谱颂》歌曲，将产品和虚拟形象代言人结合在一起，大大降低了"违和"度。但是这种宣传形式会耗费更多的人力和技术资源，成本有限的中小型企业可能并不适用这一方法。

（二）虚拟形象受众面不够

无论是超级 IP 角色还是手机游戏人物，针对的消费群体都是接触网络文化、亚文化的青少年人群，品牌在使用虚拟形象代言吸引这一消费群体的同时也可能会因此流失一部分不了解网络文化甚至讨厌网络文化的消费者。品牌在选用虚拟形象代言之前需要做好市场调研，比较哪一群体的消费者购买力更强、更活跃，能进行长期多次消费的"回头客"和愿意把品牌推荐给更多人的消费者是品牌需要抓住的核心群体。

（三）虚拟形象线下宣传受限

虚拟形象代言的展示大多停留在电子设备中，然而餐饮行业的线下门店是消费者进行消费的主要场所，所以虚拟形象在线下的宣传受到了很大限制。要展示虚拟形象，需要线下门店拥有电视机、电子屏幕等投放设备，所需的成本较高，预算有限的企业可能因此放弃使用虚拟形象代言。对比真人明星进行代言时可以出席线下活动与消费者进行面对面的互动，这种不需要技术辅助的真实感也是虚拟形象无法带来的。

五、结语

对于广告来说，文字这种相对原始的传播方式已经很难满足当下的文化传播的需要了，一般的图片广告有时也没办法满足消费者挑剔的审美。虚拟形象代言这一新兴的广告表达手法适应了受众新的诉求，也逐渐成为一种被广泛认可的广告模式。但考虑到人物风格、技术成本、受众范围等因素，虚拟形象代言在餐饮广告中的应用目前还不够成熟，依然有很大的进步空间。尤其是中小型企业，在选用虚拟形象代言人时需要从多方考虑，谨慎做出决定。

参考文献：

[1] 雷雨 . 浅析广告中的虚拟代言形象 [J]. 东南传播，2014（11）：114-116.

[2] 王青 . 基于长尾理论的科技期刊网络传播 [J]. 产业与科技论坛，2015，14（20）：20-21.

[3] 赵立兵，熊礼洋 . 从"沉默的螺旋"到"意见的长尾"：社会结构变迁与舆论形态重构 [J]. 新闻界，2017（6）：11-17.

[4] 刘楚君.社交媒介中"成人儿童化"现象研究 [J].新闻爱好者，2019
（12）：33-35.

[5] 黄兰岚，张振.虚拟偶像，实实在在圈粉 [N].环球时报，2019-08-
12（12）.

移动阅读时代纸媒的破局与求存

——基于"三联中读"有声读物的内容分析

何 婷

（北京印刷学院 北京 102600）

【摘要】主流期刊在传统阅读时代已聚合了丰厚的粉丝基础和社交平台影响力，那么，移动互联网时代，这种优势能否延续，是期刊社转型升级的关键。音频是一种独特的阅读方式，能够填补一些场景中的缺失和不足，《三联生活周刊》凭借多年的市场经验，在适应纸媒市场变化和满足读者小屏碎片化阅读诉求的基础上创造了"三联中读"App，而且以音频作为其核心产品形式。本文采用内容分析法，以《三联生活周刊》的转型知识产品"三联中读"App里的有声读物内容为研究对象，分析其音频节目的优缺点以及改良对策，通过对《三联生活周刊》的融合创新案例的解读，探索移动互联网时代纸媒如何认识和发挥自身优势去实现延伸发展；在媒体融合的大背景下，传统纸媒如何在竞争激烈的市场环境下，求得新的生存空间——声音的空间。

【关键词】纸媒转型；"三联中读"；音频

一、研究缘起

对媒体行业来说，媒体融合发展是一场必须赶上时代列车的自我革命，每一个媒体有不同的道路和方向。梅洛维茨在《消失的地域》中结合了麦克卢汉和戈夫曼的观点提出了"场景理论"，即"新媒介、新环境、新行为"，在注重内容、形式、社交三大维度演化的同时，能否适配场景维度的拓展，就成为衡量某一媒介能否适应不断变化的传媒生态的重要指标。彭兰也曾提出场景是移动时代媒体的新要素，移动有声阅读具有很强的伴随性、场景化特征。移动音频媒体允许个人"分心收听"的优势使之可以深度嵌套到丰富多彩的生活场景中，承包生活中的每个场景。在麦克卢汉对传播媒介的演变划分中，口语传播时代人们具身性的交流使其成为一个听觉偏向的时代，音频媒介因主要为口语传播，更具人情味和贴近感，同时又不像视频一样需要投入更多的感官。其消费场景也是碎片化的，不需要人们花费太多的时间去系统学习，而是出现在听觉可以独立于视觉或者其他身体劳动之外的场景之中。

据艾媒咨询发布的《2019 上半年中国在线音频市场研究报告》，2018 年，中国在线音频用户规模突破 4 亿，增速达 22.1%；2019 年上半年，中国有超过一半（约 4.3 亿）的网民使用过在线音频应用。

2020 年预计中国在线音频用户规模将达 5.42 亿人，在新一轮的媒体融合转型之中，音频新闻会占有一席之地。

《三联周刊》《南方都市报》《深圳晚报》、封面新闻等机构媒体纷纷入局音频市场，产出了一系列具有特色的高品质语音新闻栏目，为主流媒体融合创新提供了新的探索路径。《南方都市报》2018 年 12 月底在南都 App 改版时上线音频频道，一年以来更新音频节目近 7000 期，单条音频稿最高收听量 170.5 万，"10 万+"音频稿数量超过 2000 条。同样，封面新闻也正在打造智媒体，通过布局 AI，实现最前沿的语音播报。音频节目的加入，给用户提供了"用耳朵打开封面的全新 App 感官体验"。

《三联生活周刊》在 2017 年上线的"三联中读"，是其新媒体升级版，一个定位于内容发布与付费知识阅读的社交平台，旨在基于 20 多年的积淀，从纸刊到方寸屏幕，从文字到声音，开始做音频付费。在传统媒体优质作者群体和优质内容源的基础上，建立新一代的高质量互联网平台。2018 年 2 月，"三联红"刷屏；2018 年 7 月，第一个精品课《宋朝美学十讲》引爆全网，2019 年，"三联中读"入选中国共产党中央委员会宣传部、国家新闻出版署"2019 年度数字出版精品遴选"。"三联中读"有声读物的成功在内容上、营销上、服务上都带给我们很多启示，这个社会还需要阅读就会需要不同的形式。通过对中读有声读物的内容分析我们应该进一步思考，作为从业者、传统的内容生产者，要考虑怎样去掌握这里面的话语权。

二、对中读有声读物的内容分析

本研究从多角度出发，运用内容分析法对"三联中读"App 发布的音频内容进行统计，分析"三联中读"的内容生产与运营策略，因为研究的时间范围正值疫情期间，不仅可发现三联转型成功的创新举措，而且能学习到三联在疫情带来的困难面前如何实现了经济效益和社会效益的统一，并寻找到最合适的传播路径，为媒体行业注入能量与活力。它具有重要的意义和价值，它为传统媒体转型升级提供经验：不忘媒体初心，牢记媒体使命。

（一）研究设计与研究方法

本研究采用内容分析法，对样本音频节目进行定量的统计描述和分析，并结合相关具体案例加以佐证，归纳中读的内容生产与传播特征，总结其运营策略。

1. 研究对象

"三联中读"的有声读物内容大致分为：听周刊、听外刊、电台、有声书、专栏、精品课、小课、广场等栏目，每个栏目的更新频率不一，如听周刊栏目是中读的一个主打产品，设在开头处，还设有"主编推荐语"，有当期的发稿主编来谈整本杂志的精彩内容，其一个月更新四期左右，每月的更新期数不固定；听外刊栏目一个月更新八期左右。音频内容可以分为历史文博、生活美学、音乐戏剧、艺术、自然博物、经济、亲子教育、思想、名著经典、科普、其他等几大类，内容涵盖面广，拥有扎实的符合受众需求的内容。表1是对"三联中读"2020年4月有声读物板块基本信息的归纳。

表1 中读4月有声读物栏目基本信息

栏目名称	4月发布音频大致数量	4月总订阅量	总评论数	收费机制
听周刊	4期，共122个	约2万	325条	会员免费，不支持单独购买
听外刊	8期，共8个	约1.8万	12条	2.99元，疫情报道免费
电台	2个专辑，共67个	约8000	42条	免费
有声书	好书速听23个	约3万	31条	2.99元
	有声书持续更新			11.8元
专栏	长期持续更新	一个栏目平均8000	平均2000条	99—199元不等（会员需单独购买）

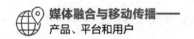
续表

栏目名称	4月发布音频大致数量	4月总订阅量	总评论数	收费机制
精品课	长期持续更新	平均 10000	平均 4500 条	69—199 元不等
小课	长期持续更新	平均 1500	平均 30 条	12—29 元不等

2. 样本选择

本文采用立意抽样，先人工翻阅中读近 1 月至 5 月音频节目发布情况，发现每个栏目每个月都是不固定的发文频率和发文次数，但每个板块，如精品课、专栏等的每一个小栏目里是长期稳定、持续更新的音频节目，已形成稳定的节目风格，可判断他们已经构建稳定的运营模式。

随机选取某月作为抽样单元仍然能够具有较好的代表性。因此，笔者根据立意抽样原则选取 2020 年 1 月 1 日至 5 月 15 日 "三联中读" 音频里所有的栏目为样本，这几个栏目均保持一定的推送频率，没有出现断更的现象，通过统计共得到有效节目样本 2058 条。其中，精品课共 6 个栏目，内容 483 条；专栏共 10 个栏目，内容 509 条；小课 24 个栏目，内容 223 条；听周刊 17 个栏目，内容 539 条；听外刊 60 条；听荐好书 119 条；电台 185 条。样本采集时间为 2020 年 5 月 17 日。

3. 类目构建与编码方案

结合本文研究问题，根据研究确立的分析类目、分析框架以及编码说明制作编码表。按照内容分析法信度检验原则，当总体样本大于 500 时，取总样本的 10% 进行检验。基于此，本文从 2058 条总样本中按照样本比例随机抽取 200 条样本。

先随机选取 50 条音频节目进行深度阅读，根据文章标题、讲解内容等特征进行归纳，确立正式的编码类目。本文所测量的类目包括四个分类变量（内容主题、标题类型、内容来源、受众对象）以及两个数值型变量（订阅量与评论量）。具体类目、编码说明与测量方式如下。

内容主题。内容主题是反映节目定位与风格的重要指标。目前有研究表明，内容主题作为信息内容传播的主体，对信息传播效果有着直接的影响。"三联中读"音频节目的内容主题与三联期刊整体定位和用户群体画像相关。

本文对节目推送的内容进行说明及讨论归纳，总结"三联中读"内容主题为历史文博、生活美学、音乐戏剧、艺术、自然博物、经济、亲子教育、思想、名著经典、科普等几大类别。《三联生活周刊》主打人文内容，这方面已经很成熟了。而"三联中读"的很多用户来自杂志，自然也以人文类为主。

标题类型。标题是反映节目内容主题的核心要素，是对内容的提炼和总结。标题是文章的灵魂和眼睛，它决定读者是否对文章内容感兴趣，是否能引起读者的关注。标题的生产直接关系到文章的阅读量，尤其在读者大众被海量信息包裹的新媒体时代。在"三联中读"平台限定的内容付费生产规则下，读者一般只能先看到标题而无法窥探其具体内容，想要进一步查看内容只有点击进入方可阅读，而"点击"等同于"阅读量"。内容来源可划分为原创内容、独家采访内容、转载内容及其他四类。每个板块的内容都会明确标注内容来源以及文章解读人。

受众对象。"三联中读"在创立之初就明确自身定位及目标受众，了解受众的群体分布、需求喜好等，有针对性地提供定制化的信息服务，实现精准传播。"三联中读"的用户与得到、喜马拉雅等很多平台的用户有很大不同。中读用户平均年龄会更高一点，最活跃的一个用户年龄层是30—34岁，不是受到过互联网洗礼的那类人。因此，研究者拟对文章标题和内容进行阅读，判断文章涉及和关注的群体，由此可间接分析中读的主要目标受众人群。

阅读量。阅读量是反映节目传播力效果的重要指标，栏目阅读量只按单次点击计算，不重复计算，这较好地保证了阅读量的准确性。本文将对每条节目的阅读量进行统计。值得注意的是，中读的阅读量差异化现象明显，比如某一节目阅读量为59，而另一节目阅读量可以超过2万。

评论量。评论量是反映中读影响力的重要指标。文章的留言评论点赞互动越多，说明文章越是引发了用户的参与互动与表达欲望，调动了用户的积极性，从而达到良好的传播效果。对于文章的互动评论，"三联中读"会进行全部呈现。本文将对显示评论数进行统计，同阅读量一样，此外，还将几类板块作为变量纳入统计范围，以此比较不同板块之间的内容效果异同。

（二）研究发现

1. 总体样本描述性统计分析

阅读量方面，在几大板块栏目当中，"精品课"专栏阅读量较多，最大阅读量超过 30 万，最小阅读量为 4 万；其他板块平均阅读量在几千上下浮动。在互动量方面，精品课中的栏目——博物馆观看之道，最大互动量为 8994 条，听外刊互动量最小。就平均数而言，精品课平均留言最高，达到 3000 条，最低则为听外刊栏目。综上可见，精品课与专栏的内容受到"三联中读"读者的喜爱，但其发文频率并不高，反而小课发文频率最高，由此说明，发文推文频率并不会影响到读者的观看，深耕精品内容才是关键。

2. 内容主题广泛

"三联中读"音频内容主题涉及广泛，其中艺术课在国内音频平台中显得较为独特，不仅十分注重艺术板块，而且完全由编辑进行规划、精选，逐渐建立起较为完善的体系，发展出了一些属于自己的特色，如《中世纪艺术小史》，课程请到清华大学美术学院刘平老师以艺术作为切入口带读者认识一个与以往不同的中世纪；请王连起老师讲书法，请朱青生老师讲宋画，还请了台北故宫博物院的研究员廖宝秀老师来讲宋瓷，这是围绕一个中心展开的跨界的课程设计，也是"三联中读"的一个特色。再如，"三联中读"小课《最古老的乐器》聚焦风靡古今的鲁特琴、文艺复兴和文博等内容领域，引起了一些小众读者的兴趣。疫情期间"三联中读"和湖北科学技术出版社联合推出《新型冠状病毒肺炎预防手册》（音频版），普及 100 个需要了解的科学知识，为大众提供一份科学的预防指南。

"三联中读"将各渠道深度融合，与国内首屈一指的音频平台——喜马拉雅联合推出人物访谈节目《风格》，由《三联生活周刊》副主编李菁主持。整合多种平台提升内容传播效果，多平台精准分发，努力打通和优化各个环节，将各个入口关联起来，真正成为一个优质平台。中读的音频产品授课人主要是"主编＋教授＋行业精英"，内容偏小众。从售价来看，"三联中读"的 VIP 只包含部分节目的免费听，一些受欢迎的精品课程需单独付费。

另外，"三联中读"的课程设计不是单纯按照学科进行的，而是有着媒体化的特点，这意味着其课程对热点话题跟得比较紧。例如，科比去世之后，听外刊就上线了《科比后会有期》的音频节目。但是从内容主题的总体上看，新闻内容并不多，相较于其他新闻媒体平台，其时效性还有待加强。

3. 文章标题与内容来源

"三联中读"自身主打精品内容，并不单纯依靠抓眼球的标题吸引用户点击和增加阅读量，文章标题往往言简意赅地反映出文章类型，让用户能在较短时间内判断文章大致内容，并且每个栏目里的节目标题都保持了统一的风格，为读者创造一个清晰明了的阅读空间。

"三联中读"内容大多为原创独家内容，三联积累的音频采访素材，以前只是文字内容生产环节中的一个要素，而现在，这些音频采访内容可以直接传达给用户，并作为产品形成收益。三联记者通过采访、实地考证，积累数十万字独家采访资料做成音频节目进行讲述或邀请专家名师打造优秀课程等，如《三联采访录第一季》，其内容是三联记者一线采访、独家发布的持续追踪报道，报道内容不仅关注疫情宏观的走向，还从微观的角度记录个体眼中的疫情。另外，听外刊板块则是由李南希解读与大卫主持，转载借鉴一些有意思的外刊报道，如节目《为什么我们会秃头？》引用了英国《独立报》2015 年 8 月 25 日的期刊内容《为什么人类会秃顶？》、英国《发现》2014 年 11 月 21 日刊文《蓄胡子会导致秃头吗？》、美国《周刊报道》2012 年 6 月 22 日刊文《为什么秃头男性从未灭绝？》等，增加知识密度，拓宽读者的阅读范围，满足读者的阅读需求。少许内容还来源于读者，属于转载内容；此外中读原创专栏"We Write"，向用户征稿，也给用户提供了一个自己创作内容的平台。

4. 阅读量与评论量

在阅读量和互动量方面，根据研究类目，本文对"三联中读"几大板块的内容主题与阅读量、互动量之间进行了分析。将中读的内容分为历史文博、生活美学、音乐戏剧、艺术、自然博物、经济、亲子教育、思想、名著经典、科普十大主题，从每个主题中随机选取 22 个节目，统计得出，在阅读量方面，艺术类与思想类总阅读量较高，名著经典类总阅读量最低。在评论量方面，艺术类与思想类总互动量较高，科普类互动量最低。因此，内容主题与阅读量及互动量有一定的相关关系，而发文量与阅读量、互动量之间并无显著关系。"三联中读"可参照内容主题影响力的不同对内容生产进行不同程度的调适，以此提高自身品牌影响力与传播力。"三联中读"主打人文社科类课程，在避免同质化内容的同时，也形成了差异化竞争策略，拓展了选题，在主基调的基础上丰富内容品类，如生活美学、音乐艺术等课程受到大量读者的青睐。

此外，"三联中读"以用户为中心，根据用户需求与意见，完善 App 的使用舒适度，根据七脉数据调查，"三联中读"近一年版本更新 27 次，不断修复软件出现的各种问题。笔者统计发现，2019 年 2 月至 4 月，用户在苹果应用商店里反馈的问题均已被解决，如 4 月有用户反映打开"三联中读"，提示需要更新，如不更新无法浏览内容，5 月"三联中读"终端即解决了此类问题。这说明在深耕内容的同时，也要根据用户的需求提升相应的服务。

（三）疫情期间中读 App 的业态创新

笔者同时分析了疫情期间中读的一些创新举措与成果，为其他传统纸媒提供借鉴。整个疫情期间，"三联中读"的业务非但没有停滞，还在新增用户上取得了非常大的突破：截至 3 月 11 日，App 下载用户达到 11 万，新增注册用户超过 28 万。疫情期间 App 在线峰值 2.4 万，是上年同期的 1.8 倍。"三联中读"首页上线疫情专题"知识就是免疫力"，专题内容包含有："中读免疫历""疫情晴雨表""疫情年表——人类与传染病的博弈之道"，有声报道专栏"三联采访录"，各类防疫科普课程如"新冠肺炎预防全攻略""免疫系统漫游指南""新冠心理自助手册"，还有"学者看疫情"与"抗疫纪实口述"两个口述 FM 频道，等等。推广全网渠道 33 个，推文曝光约 10 万次，专栏领取人数 12742 人。

"三联中读"在既有资源上做选题拓展，利用自己的编辑做了两个系列的短音频节目：一个是学者看疫情，邀请不同学科背景的学者提供对重大公共卫生事件的观察。另一个是更加系统的科普小课，如心理自助、免疫科普知识等。还推出了"三联中读"VIP 免费会员月活动，在三联、蜻蜓等多平台推广，领取人数近 2 万。并配合《三联生活周刊》三期新冠特刊的上市，推出特别版的有声电子刊，领取累计超 21 万人。"三联中读"在疫情中不仅体现了纸媒做深度报道的能力，也表现出了主流媒体的人性关怀与社会体察。

三、音频媒体 App 未来发展趋势分析

（一）音频新闻领域"从相加到相融"

习近平总书记在党的新闻舆论工作座谈会上指出："要推动融合发展，主动借助新媒体传播优势。"对于新型主流媒体来说，以音频为新闻载体具有很大的发展潜力。新的传播环境下，只有不断尝试新的形态才能赢得生存

的希望。利用音频的形式推动媒介的深度融合，从而实现传统媒体的转型，这是"三联中读"带来的深刻启示，这为其他传统媒介转型、打造新型主流媒体提供了良好的参考，也为推动媒介融合的进一步发展探索了一条可行的路径。

（二）注重优质内容，提升阅读体验

移动化音频要具有"在场感＋新叙事"的特点。"泛媒体"时代，媒体数量不断增多，新的媒体类型不断涌现，传播媒介和途径也极其多样化。但是，主流传媒行业尤其是新闻领域传播的内容仍然以信息为主，聚焦垂直化内容。从"三联中读"的内容来看，其生产的精品内容节目阅读量最多，足以说明内容的重要性。内容为王永不过时，受众对付费知识的要求会越来越高。作为传统媒体试水知识付费的典型，"三联中读"在内容服务领域的探索从未停止。尤其是自2020年以来，为给新的内容生产方式赋能，选择拥抱人工智能，已然成为"三联中读"一个新的发力点。"三联中读"牵手微软，将个性化语音定制技术运用到有声内容生产和知识传播中来；打造虚拟个人学习助理"中读君"，为读者提供私人定制式服务。

（三）拓展传播渠道，实现社交化运营

整合多种平台提升内容传播效果，多平台精准分发，努力打通和优化各个环节，将各个入口关联起来，真正成为一个优质平台。各渠道深度融合，重构传播格局，如三联的会员机制，与财经新闻、腾讯视频等合作推出联合会员。与喜马拉雅合作推出专题节目，在音频平台上延续纸媒在新闻采编的深度、广度与精度上的核心竞争力，吸纳新用户。学会运用新媒体大数据打造出一个受信任、有深度、方便阅读、有权威的媒体平台。"三联中读"App设立了读书会书友圈，用户可以随时发布读后感，另外还为一些音频课程建立了用户社群，如邵彦老师在《听山水》课程的用户群里，经常会和听众沟通，保持了社群的活跃度。今天的中国主流媒体已全面进驻社交平台，更应依托社交平台实现影响力延伸，让用户成为新的生产力，引导用户分享内容，以此扩大传播力。

（四）培养互联网与用户思维，打破固有布局，强调差异性

互联网时代，人处于主导地位，传统媒体应当将自身和用户的距离拉近，

增强和用户的互动，为用户提供更加人性化的服务，思考用户需要什么，建立数据库满足用户的需要。"三联中读"设计了一个"读感区"，其设计目的就是引导大家去留言，讲出你为什么要听这个课，有什么收获，从中可以发现大家来听课的各种不同动机。"三联中读"与其他媒体平台不同，像是一个小众读书角的音频平台。音频媒体在垂直领域的发展，应从智能化、私人化的服务性系统内容等方面进行研发，借助智能音频的机遇，培养为全社会制定音频内容标准的能力。

参考文献：

[1] 刘坤."三联中读"年卡促销事件背后的冷思——兼论纸媒转型线上知识付费的可行性与合理路径 [J].东南传播，2018（10）：70-72.

[2] 李闪闪.知识付费时代看"三联中读"App 的兴起 [J].新媒体研究，2018，4（5）：64-65.

[3] 周丹.看移动互联网时代期刊的创新升级——以"三联·中读"为例 [J].编辑学刊，2020（2）：112-115.

[4] 蒋兴.中读：传统媒体转型的付费平台 [J].中国报业，2020（8）：12-13.

[5] 王馨."三联中读"，做音频课的内容生产者——专访俞力莎 [J].美术观察，2020（3）：11-13.

[6] 汪旻.英国媒体转型发展中对音频产品的探索 [J].传媒评论，2020（2）：69-71.

[7] 李建刚.5G 时代的音频业：场景延展与融合创新 [J].中国广播，2020（2）：33-37.

二维码场景下媒体融合呈现机制研究

王佳恋

（北京印刷学院　北京　102600）

【摘要】《媒体融合蓝皮书：中国媒体融合发展报告（2019）》宣布我国媒体迎来了融合3.0时代，传统媒体和新媒体需要在内容、形式、组织结构、机制体制等方面进行深入磨合。随着移动智能终端的普及，二维码的广泛应用为新阶段的媒体部署开拓了进一步融合的空间，同时也提供了更加清晰的入口。本文通过研究二维码在报纸、期刊和图书等传统媒体中发挥的场景转换作用和工具连通属性，探讨多功能、人性化的平台呈现机制，对媒介融合提出可行性建议。

【关键词】媒体融合；二维码；报纸；期刊；图书

一、引言

媒体融合作为一项长久的媒体战略，其本意是指各种媒体呈现出多功能、一体化的趋势，以图书、报刊、电视、广播等为代表的传统媒体和以互联网、移动终端为代表的新媒体之间的关联性不断加强。媒体融合体现在内容形式、媒体功能、组织结构、传播手段及所有权等方面的融合，是一个不断发展的过程。目前，中央厨房和县级融媒体在新闻内容生产流程的创新举措，成为媒体融合发展进程中无法忽视的一环。"一次采集、多元生成、多种分发"的运作模式不仅能够实现新闻内容的全媒体分发，而且可以促进依托不同媒体平台的个性化内容生产。中央媒体和地方媒体的联动模式，对我国舆论引导能力建设起到了重要的促进作用。

但是，部分媒体平台仅仅实现了融合的初步探索——物理融合，即多媒体数量在增加，但在"如何链接多媒体内容""如何快速转换平台场景""如何实现从'整合'到'融合'的转变"等方面却有待深入。尤其是报纸、期刊和图书等传统纸媒体量不断下降，传媒集团在寻求转型过程中往往会出现新旧媒体"两张皮"的现象，两者没有形成内在的对接。随着智能手机的普及，扫码关注、扫码付款现象越来越广泛，二维码有望成为实现媒体融合与转型升级的助推器。

所以，本文以二维码链接内容为切入点，探究报纸、期刊、图书传统纸质媒体在二维码的加持下，如何扩展分发路径，提高传播影响力，完成线上线下双互动、共融合，以期为新型主流媒体建设提供参考建议。

二、二维码的应用场景分析

麦克卢汉对传播媒介在人类社会发展中的作用曾做出高度概括——"媒介即信息"。任何一种新的媒体的产生，都会带来传播内容的改变。20 世纪 80 年代初，中国开始了对条码技术的研究。进入 21 世纪，随着信息技术的迅速发展，国内对二维码这一形式的需求与日俱增。作为互联网时代的标志之一，二维码具有信息容量大、编码范围广、容错能力强、译码可靠性高、成本低、易制作等优点，被广泛应用在多个领域，如信息获取、网站浏览、手机支付、手机电商、防伪溯源、账号登录等。作为一种编程图片，二维码可以依附于各大媒体平台软件，给用户带来便利的同时，也形成了一种沟通渠道。腾讯公司董事会主席兼 CEO 马化腾曾经表示，"二维码将成为线上线下的关键入口"。在媒体融合方面，二维码既可以在纵向维度为用户提供增值服务，同时能够横向链接多个传播平台，满足用户的最适需求，最终形成以二维码为入口的融合媒体新形态。

（一）基于报纸的二维码应用

早在 2005 年，《北京晚报》就率先使用二维码，推出了以二维码为介质的新闻阅读方式。然而，由于移动智能终端尚未普及，技术开发不够完善，二维码基于报纸的应用形式并没有受到足够关注。2010 年，伴随着 3G 网络的推进，各大都市报纷纷推出二维码产品，如《华西都市报》的"魔码"、《重庆晨报》的"魔扣"、《成都商报》的"码上控"等，致力于打造一批"云报纸"，将纸质媒介所不能展现的音视频附加内容通过二维码传递到读者手中。2013 年 7 月 1 日，《人民日报》刊登了"致读者"并附上二维码，凭借文字、视频、音频等多媒体形式实现了对报纸内容的丰富。"报纸 + 二维码"模式逐渐在报纸这种纸媒载体中普及开来，成为传统媒体突破自身边界，向新媒体融合，向全媒体转型的新应用形式。

从 3G 到 5G，随着移动互联网的普及，二维码在报纸内容融合方面的应用更加多元与广泛，如链接微信公众号、关注官方微博账号、下载新闻客户端、加大广告的立体呈现度等成为二维码的基本功能。同时，不能忽视的是，随着网络的普及，报纸这种纸质形态的媒介在逐渐衰落。《2018 年新闻出版产业年度报告》显示，报纸出版总印数较 2017 年降低 7.0%，很多报纸停止发行纸质版甚至停刊。在此情况下，由报纸媒介所承载的二维码能发挥的放大效应也随之减弱。

（二）基于图书的二维码应用

二维码链接内容模式不仅覆盖多种类型的纸质图书，而且功能运用十分广泛，从最初的宣传营销、图书简介，到深层次的内容增值、防伪防盗和用户沉淀，"图书 + 二维码"模式在传统纸质图书的转型过程中具有非常明显的优势。

2007 年，中华书局推出的《大史记书系——靖康之耻》是我国在图书中首次尝试使用二维码。读者可以通过扫描二维码登录官网获取新书动态，并参与抽奖活动。2010 年，中国轻工业出版社出版的《骑车游北京》一书运用了大量二维码，借助文字、动画、视频、语音导航等形式向读者介绍北京的骑行路线和景观。2017 年，"现代纸书"的出现成为二维码在图书出版过程中的革命性应用。"现代纸书"体系是基于国家新闻出版广电总局出版融合发展（武汉）重点实验室共建单位武汉理工数字传播工程有限公司自主研发的出版融合解决方案——RAYS 系统提出的全新概念，形成了出版社、作者、编辑、读者良性循环的生态链，旨在对传统纸质图书进行深度开发与利用。基于该体系的开放式平台运行，出版社在图书生产环节中处于主要的管理和服务地位；作者和编辑致力于更加优质内容的生产；而读者不仅可以享受线上增值内容和精准服务，还可以实现与作者的交流互动。目前，"现代纸书"模式已经吸引了 200 多家出版社加入，为 5 亿多册纸质图书带来了 1.5 亿元的线上增收。基于数字技术开发的不断深入，二维码链接内容模式的应用领域会更加多元，尤其是在新媒体市场蓬勃发展的背景下，二维码理应成为传

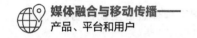
统图书出版转型升级的利器。

（三）基于杂志的二维码应用

2010 年，美国时尚杂志《魅力》利用二维码技术，向用户提供了总价值达 72.5 万美元的免费赠品，这种宣传方式取得了良好的促销效果。2011 年，美国移动技术公司 Nellymoser 调查了美国前 100 本流通杂志关于 QR 码（一种二维条码）的使用情况，发现排名前 100 的杂志中有 4468 个二维码。

从 2011 年开始，国内很多期刊也开始开发自己的 App 应用，通过印刷在纸刊上的二维码，将部分音视频内容和互动内容在 App 中进行呈现。2018 年年初，一种新型的二维码——OSID 码开始在学术期刊领域流行起来。OSID 码即开放科学（资源服务）标识码，由国家新闻出版署出版融合发展（武汉）重点实验室开发。读者可以通过扫描纸刊上的二维码跳转到微信公众号界面，获取作者的解读音频、论文的相关材料，以及加入读者社群。OSID 码将作者、读者和期刊社三者进行有效链接和互动，丰富了科研论文的应用价值，实现了知识信息的快速传播。对于期刊社，不仅可以通过分析读者扫码行为，深入了解读者的学术需求，而且可以把握作者动态，提高自身的内容服务水平。另外，OSID 标识码对于打击学术造假、实现内容协同生产、促进期刊利益优化都具有良好的保障作用。

三、二维码应用场景的作用分析

伴随着制码、编码、读码以及存储技术的稳定与成熟，二维码已经成为我们日常生活中不可或缺的一部分。尤其是在智能手机的支持下，二维码产业融合了商业领域、经济贸易以及社会生活的方方面面，并通过搭建各类场景，实现更好的沟通、协调与合作。

（一）搭建阅读场景，推动内容连通

在搭建新型阅读场景中，二维码主要在以下两种层面上发挥了作用：

（1）相同内容的延伸阅读。教辅类图书常常通过附二维码链接音频、视频、动画等多格式文件，对静态纸质图书上的内容进行补充说明，从而加深学生对同一知识点的理解。例如，英语辅导书经常附加原文的朗读音频，学生通过收听跟读，可以提高自身的口语与听力水平。长沙少年儿童出版社的王牌图书之一《长江作业本》通过二维码形式链接"特级教师讲解视频""本书答案""名师问答""深度习题"模块提供文字、音频、视频等形式的线上资源，拓展和延伸了学生所学课程的知识内容，丰富了学生的学习形式。

（2）相似内容的转移阅读。为了扩大读者基础，报纸和期刊通常在版面和封面附加二维码，读者通过扫描跳转到客户端下载页、微博微信关注页或官方网站浏览界面，便能直接阅读该报刊的系列文章与往期推荐。此类由线下到线上的阅读场景转移常常以纸质连续出版物（报刊）为主，主要目的是扩展纸质媒体的信息容载量，增强用户黏性，突出自身品牌建设。

（二）搭建付费场景，优化用户服务

伴随着微信支付、支付宝支付及各类电子商务平台的崛起，扫码支付在国内消费生活中已经十分常见。另外，在移动互联网时代，媒介的发达带来了信息量的绝对增加，"信息爆炸"在所难免。"扫码支付"这一消费方式的便利性，以及用户对于优质内容需求的增大，激发了消费者强烈的购买欲望，消费行为随之产生。此时，被广泛印刷在报纸、期刊和图书上的二维码便可以作为入口，为用户搭建付费场景。例如，读者可以扫描商家微店或订阅二维码，直接跳转到支付页面，实现线上交易，完成购买。

创新链接内容，提供优质内容。通过扫描二维码，用户在进行深度阅读的同时，还可以享受精准且具有互动性的增值内容服务。例如，基于 RAYS 系统的"现代纸书"可以利用读者扫码进行用户行为分析，经过编辑后期的综合评估，对读者提供精准的匹配阅读内容；另外，读者扫码付费后可直接与编辑及作者进行一对一的互动交流，精准且高效地满足自身需求、解决阅读问题。

创新链接形式，获取用户注意力。为了适应快节奏生活下的碎片化阅读，二维码链接内容的形式发生了改变。相比长段的图文，轻量化的音频、短视频的表现力更强，便于用户操作和下载，影响效果也更加明显生动。纸质媒体不再仅仅依靠传统的发行和广告两种模式营利，而是可以利用新媒体寻找新的增益点，开拓上升空间。当下，抖音平台庞大的用户规模优势，成为很多出版社进行图书营销的新场地。"名人视频推荐图书""五分钟带你读完一本书"的形式受到许多读者群体的关注。出版社可以将其发布的抖音视频通过二维码进行链接，印刷到各类媒介载体，扩大读者群体基础。

（三）搭建社群场景，更新运营手段

所谓社群，是指通过传播媒介聚集起来进行信息交流、情感传达和价值共享的用户群体。传统媒体出版方可以通过构建社群，培养高黏度、高忠诚度的用户，盘活粉丝经济实现变现。在这个过程中，二维码就成为搭建社群场景的最初入口和进入渠道。另外，随着移动终端的普及和"圈子文化"的兴起，人们的社交行为逐渐转移到手机端，通过微信、微博二维码邀请的方式定位精准的受众群，成为用户寻求群体认可的主要手段。例如，饶雪漫的作品《那些不能告诉大人的事》，印有三个二维码，分别是作者、创作团队和作者书友会的微信，读者可以加入书友会寻找具有共同兴趣的同伴。

特别注意的是，在社群经济中，为了顺利实现商业变现，就不能仅仅将社群看作是交流和讨论的工具，而是应积极发挥粉丝群体的反哺功能。在现代纸书的"读书圈"功能中，编辑便可以发挥意见领袖的作用，通过设置议程开展学术讨论和问题讨论，引导读者参加活动、发生购买行为。

四、二维码融合内容呈现存在的问题

凭借"二维码"这一场景转换器，传统纸质媒体实现了在原有优势基础上的更进一步，逐渐克服了自身形式单一、携带不便、容量有限的问题。但在实际应用过程中，"二维码＋"模式的效用并没有真正发挥出来，应用范围较窄，值得我们做深入的探索和研究。

（一）平台分散影响融合深度

媒体融合是指新旧媒体在互联网经济环境下，通过转型升级或兼并重组实现多层次、广泛的产业融合，满足人们对于精神文化产品和服务的需求。事实上，由于媒体平台主体的多元化，以及各个开发商之间的利益协调，"二维码＋"并没有真正带来从内容到形式的全面融合,而是仅仅处于多媒体的"物理组合"阶段。

在传统媒体的内容传播过程中，纸质报刊只是对新闻信息进行编辑后，通过二维码发布到各个网络媒体平台，如微信公号、新浪微博、新闻客户端以及官方网站等。但是，用户却无法实现线上不同媒体间的同级跳转。这反映出报社、微博、微信、网站等组织间存在连通度不高，勾连机制不完善等问题。

另外，在连通路径方面，复杂的操作使二维码的有效性大大降低。用户在通过微信扫码订阅期刊时，需要依次进行"扫描—复制网址—打开浏览器访问—进入购买页面"的系列操作。反复操作造成的流量消耗、时间等待再次增加了吸引用户的难度。

（二）海量内容造成审核复杂

随着媒体的发达，内容生产者多元化，信息生产呈指数上升趋势，图文、音频、视频、动画等各种形式的内容资源都可以成为"二维码+"的表现形式。巨大的审核工作量难免上许多画面模糊、音质不佳、资料落后、内容不匹配的音视频成为漏网之鱼。另外，学习包、课程资料等也存在盗版、侵权的乱象，这对于读者用户的学习是非常不友好的。

从另一维度来看，由于二维码链接知识资源的格式多样性，传统媒体的核查工作不能局限在单一的图文形式，然而却又无法突破自身审核职权的限制。从理论层面，传统的报社、期刊社、出版社对于音频、视频的处理存在越权的现象，并且在之后的发行过程中需要承担一定的风险和责任。例如，基于 RAYS 平台的"现代纸刊"可以提供语音介绍论文、作者在线问答、学术交流互动等功能，但是由于论文附加资源的随时更新，期刊社无法保障作者提供的在线音频内容合乎出版规定。内容多样与职权受限之间的矛盾，让编辑人员面临选择的困境。另外，大量的语音条、互动内容的审核也给编辑造成了一定的工作压力。

（三）纸媒转型面临成长痛点

《2018 年新闻出版产业年度报告》显示，全国出版新版图书 24.7 万种，较 2017 年降低 3.1%，报纸出版总印数较 2017 年降低 7.0%，期刊出版总印数降低 8.0%。伴随着数字媒体技术的开发与应用，可移动、便捷式的电子终端成为大部分用户阅读的主体。

纸媒载体在数字媒体的冲击下出现数量缩减的现象，使得二维码重要的依附平台也相应减少，寄托在纸媒中的读者情感发生断裂，在一定程度上给读者用户造成了距离感。对于一代读者来说，具有悠久发展历史的传统纸质媒体，已经不仅仅是一个知名品牌，更是时代的记忆与情怀。正如创刊于20世纪革命年代的《人民日报》《参考消息》一直是大众心中新闻规范的代表，纸质形式的报刊更能激发起老一辈读者的阅读热情。传统纸质媒体的主阵地一旦丧失，传播平台多样性优势就会受到削弱，用户的整体阅读体验也会受到影响。

（四）内容形式不符导致用户体验降低

在传统媒体试图与新兴媒体融合的过程中，融合技术与平台的开发成为大量资金的流动目标，而用户体验、内容应用等方面的构建却相对势弱。当媒体融合出现形式大于内容、被动大于主动时，通过传统媒体引流来的用户将会对媒体可信度、权威度产生怀疑。二维码链接内容的真正目的是实现在场景转化下，为用户提供多样化、人性化、个性化的媒体服务，而不是变相地增加用户的使用负担。以少儿类和科普类的图书为例，纸刊封面的二维码链接内容有错位现象，通过"扫描二维码读 AR 童书""扫一扫，精彩抢先看"等宣传语虽然可以吸引读者购买，但却难以提供相应的内容服务。另外，为了增强宣传效果、标榜纸媒创新，有的图书在封面印刷多个名不副实的二维码，这样做不仅可能浪费读者注意力，同时也消耗了自身的品牌与口碑。

五、二维码未来的融合导向

通过总结以上问题，我们可以从三个维度提出解决方案。

（一）实现政策连通，整合媒体平台

长江学者喻国明曾表示，当下传统媒体的颓势根源在于传统传播渠道的"中断"或"失灵"。在互联网时代，忠实的用户群体是媒体生存的关键。而平台与平台之间沟通渠道的缺失是造成无法顺利引流用户的主要原因。笔者认为，要尽力避免阅读体验不佳、路径操作复杂等将用户隔离在产品核心之外的壁垒，并且必须从政策、平台两方面进行打通。

在政策方面，经过了大型媒介集团"中央厨房"的发展模式，"县级融媒体中心"建设成为近年来地方性工作的主阵地，依靠政府自上而下的力量主导，媒体融合红利有机会真正涉及每位群众。而在实际的平台建设过程中，无论是中央集团，还是地方单位，各级媒体机构仍然面临着重复投资、浪费资源、层级臃肿的问题，因此为用户提供统一的信息获取云平台是当务之急。通过"二维码+"的模式，将文字、图片、音视频、动画所有形式内容上传到云端平台，打通微博、微信、客户端、网页等媒体障碍，用户只通过扫描二维码这一便利途径，便可获得海量资源。

要实现统一融媒体平台模式的顺利运转，必须实现以下两方面的创新突破：

（1）发挥中央媒体集团力量，引导各级子媒体入驻平台。只有通过中央媒体的强大号召力，才能将各自为政的子平台进行聚集。如此，不仅能够降低运营成本，更重要的是能够通过二维码链接实现资源与利益共享。

（2）进行广泛附码，引导群众用户发挥信息主动权。当二维码成为用户获得信息的唯一通道时，融媒体平台必须要提高自身的附码意识，将二维码广泛印刷或附加在各类媒介载体上，形成"用户被信息包围"的传播生态。除此之外，二维码路径将更加体现其灵活性。编辑人员在后期可以通过二维码对上传内容进行实时更新和审核，摆脱时间和空间的局限，让二维码活起来，及时为用户提供最新、最准确的内容。

（二）合理安排人员架构，完善平台管理

目前，媒体融合仍然是一个新话题。在前期探索过程中，由于缺少经验，传统纸质媒体和新媒体的融合只是一个物理过程，沿袭先前的媒体运作模式，内部缺乏创新活力，导致后续运营乏力。例如，在传统媒体机构中存在人员分散、效率不高、体制僵化的问题；而在新媒体部门中，重技术开发，轻用户沉积的问题比较明显。

因此，面对统一融媒体平台上的海量内容更迭，完善人员调配、合理部门分工显得尤为重要。在融媒体云平台的后续工作中，通过建立协调的后台运行结构，使各个编辑和审核人员在面对内容编辑、资源审核、平台发布、广告营销和社群运营等不同领域的工作中充分发挥个体优势。通过确立相关的人才引进体系和培训激励机制，提高相关人员的专业化水平，形成具有逻辑性、灵活性、连接性的运作模式。

另外，在现行的管理条例中，由于内容载体形式的差异，我国对于出版物的审核主体与审核标准也不尽相同。基于这种情况，二维码就可以发挥自身灵活性高、包容性强、可更改的工具优势。在政府及相关部门的支持下，通过建设统一的融媒体核查中心，合理扩大审核人员的职权范围，完善相关的出版物审核条例。

（三）整合数据内容分析，实现资源最优配置

当下，我们生活在信息爆炸的时代，海量内容带给读者的可能是需求满足，也可能是知识污染。2014年，《今日头条》的出现使得个性化新闻推送在国内不断受到业界的关注，利用大数据使服务精准连接用户成为互联网时代的重要特征。

在建设统一的融媒体云平台过程中，最为核心的工作是树立以用户为中心的服务意识，利用大数据，对用户的扫码行为包括扫码习惯、扫码方式和扫码频率等，进行数据分析汇总，并通过描摹用户的精准画像以进行内容信息的靶向分发。同时要重视后期的用户反馈数据收集，这不仅有利于用户画像的二次修正，为用户调查提供服务，还可以通过一手数据，丰富平台功能，实现资源的最大效用和最优匹配。

六、结语

2019年2月20日，北京市新闻工作者协会及社会科学文献出版社共同发布的《媒体融合蓝皮书：中国媒体融合发展报告（2019）》指出，根据马克思关于"社会变动产生信息需求"的观点，新闻传播的核心功能就是适应社会发展变化。而这一功能决定了现代媒体必须具有高度社会化、高度现代化、高度专业化的属性。面对互联网与新媒体的发展，人人都有麦克风，人人都是参与者，"二维码+"的形式不仅为建设现代新型融媒体提供了参考方向，还为每个信息传播者搭建了交流通道。

二维码已然成为报纸、期刊、图书的一部分，其价值在于提高纸质出版物的实用价值，在融合过程中激发传统媒体的潜在优势。我们有理由相信，未来二维码的应用范围将会更加广泛，赋值方式将更加多元，成为打造新型媒体融合机制的助推器，让内容与创新都可以通过合理的方式展现在大众面前。

参考文献：

[1] 杨飞.浅探新时期纸媒如何推进媒体融合向纵深发展 [J].新闻传播，2019（13）：90-91.

[2] 良雷.论媒体融合背景下的内容为王 [J].传媒论坛，2019，2（6）：41，43.

[3] 蔡晨露.对二维码在教辅图书中使用的深度思考 [J].科技与出版，2017（8）：79-82.

[4] 王发明，朱美娟.内容二维码在图书出版中的应用 [J].中国出版，2017（22）：30-32.

[5] 柳晨.论二维码在纸质图书出版中的应用 [J].出版广角，2016（1）：64-65.

[6] 李婷，施其明，刘琦."OSID 开放科学计划"助力学术期刊融合创新发展 [J].出版与印刷，2018，110（3）：17-23.

[7] 施其明，周文斌，陈晓峰，等.轻量化的现代期刊转型平台——OSID 的逻辑、功能及发展趋势 [J].中国传媒科技，2019（1）：7-9.

[8] 陈晓峰，刘永坚，施其明，等.基于现代纸书模式的科技期刊数字化转型研究 [J].科技与出版，2018（8）：75-79.

[9] 曾宪荣.二维码在科技期刊融合创新中的应用与分析——以《计算机工程》为例 [J].传媒，2018（5）：37-39.

[10] 张宜军，谢文亮.二维码在期刊出版发行中的应用 [J].出版发行研究，2014（3）：75-78.

[11] 谭潇，高超，邹晨双，等.二维码在科技期刊中的应用实例分析 [J].中国科技期刊研究，2018，29（1）：48-54.

[12] 雷永青.从"读者"到"用户"——探讨传统纸媒转型的盈利模式 [J].新闻与写作，2014（2）：13-16.

[13] 张苏秋，顾江.大数据时代传统媒体与新媒体融合的特征、动力与路径 [J].现代经济探讨，2015（11）：50-54.